AF619682

MÉMOIRES D'ÉCRIVAINS ET D'ARTISTES

GABRIELLE RÉVAL

LA CHAÎNE DES DAMES

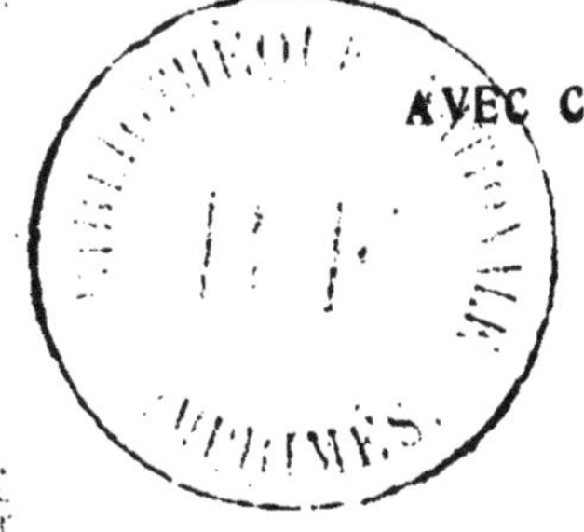

AVEC CINQ PORTRAITS PAR ANDRÉ FAVORY

PARIS
LES ÉDITIONS G. CRÈS ET Cie
21, RUE HAUTEFEUILLE, 21

MCMXXIV

5e édition

LA
CHAINE DES DAMES

MÉMOIRES D'ÉCRIVAINS ET D'ARTISTES

GABRIELLE RÉVAL

LA CHAÎNE DES DAMES

PARIS
LES ÉDITIONS G. CRÈS ET Cie
21, RUE HAUTEFEUILLE, 21

MCMXXIV

IL A ÉTÉ TIRÉ DE CET OUVRAGE QUINZE EXEMPLAIRES SUR VERGÉ PUR FIL LAFUMA, DONT CINQ HORS COMMERCE, NUMÉROTÉS DE 1 A 10 ET DE 11 A 15.

A ÉMILE BURÉ

Directeur de l'*Éclair*

C'est vous, mon cher ami, qui avez provoqué cette Chaîne des Dames *et lui avez donné dans votre journal une place d'honneur.*

Souffrez que je vous en remercie en vous offrant ce livre, qui restera un document direct, où la Vérité parfois rougissante emprunte à la Poésie et à la Satire un habit léger.

Croyez, mon cher Buré, au fidèle attachement de votre collaboratrice et amie.

Gabrielle RÉVAL.

AUREL

AUREL

Un jour que je me trouvais chez les peintres, à Montparnasse, parmi des étrangers aux visages longs et tristes, des Polonaises aux regards couleur de mer, l'on vint à parler des auteurs de ce temps et à démolir en un tour de main les plus grandes célébrités.

— Que restera-t-il donc? demandai-je, ébahie devant ce jeu de massacre.

Une femme se leva qui dit, avec autorité :

— Aurel et Victor Hugo.

J'en restai comme deux ronds de flan.

— Ah ! l'*aurélisme* ! s'écria un jeune homme qui revenait de Varsovie, quelle chose admirable ! Avez-vous lu la brochure de M. Clouard sur Mme Aurel et les attestations de Faguet, Rémy de Gourmont, Guillaume Apollinaire et *tutti quanti ?* Y-a-t-il au monde un thème plus dramatique que celui de l'affranchissement de la femme devant l'amour? Concevez-vous ce qu'il y a d'inouï dans cette antinomie de la grandeur féminine et de la servilité de l'esclave soumise au plaisir du mâle? Comprenez-vous la sainteté de cette croisade mystique pour la délivrance de sa chair et de son esprit avant l'union? Mais qu'est-ce que Platon? qu'est-ce que Nietzsche au prix d'une Aurel, qui crève le ventre de la poupée de son et veut y enfoncer un cœur neuf et magnifique?

— Mais, affirma une admiratrice enflammée, il n'y a qu'un créateur au monde, entendez-vous, c'est Mme Aurel.

Je me le tins pour dit.

A quelque temps de là, je fus conviée

à un banquet littéraire, où se trouvait réunie toute la jeunesse. L'heure des discours arrivée, une dame se leva.

Au même instant, je vis voler par-dessus la table bananes, poires, pommes, croûtons de pain, couverts, assiettes, et au milieu d'un tintamarre affreux j'ouïs des voix qui criaient :

— Au-rel ! Au-rel ! Au-rel !

Je me penchai vers mon voisin

— Ils chantent, mais ils se trompent d'air !

Et à mon tour, croyant être dans le ton, je fredonnai :

C'est Aurel, Aurel, Aurel,
C'est Aurel qu'il nous faut !

— Diable non, répliqua ce convive déchaîné, en brandissant une carafe, nous ne voulons point qu'on nous moralise quand nous sommes en joie, ni qu'on apprenne à nos petites amies qu'il faut philosopher avant de faire un enfant !

— Quoi, c'est donc cela l'*aurélisme?*

— Parbleu ! Lisez *le Couple, Pour en finir avec l'amant, la Semaine d'amour, les Jeux de la flamme,* autant de sermons de carême ! Je vous demande un peu s'il est nécessaire de compliquer une chose aussi simple que de faire l'amour avec celle qu'on aime, et que l'on fait aussi naturellement que M. Jourdain faisait de la prose sans le savoir !

— Qu'allez-vous dire, arrêtez, monsieur.

Mon voisin sourit, calmé. Il reposa sa carafe sur la nappe, et se tournant vers moi :

— N'ayez pas peur, les mercuriales d'Aurel sont faites en un langage châtié et choisi. Elle parle, non comme le serpent, mais comme l'Arbre de la science du bien et du mal, lorsque Adam et Ève sont vêtus de leur seule innocence.

Je poussai un soupir. N'allai-je pas imaginer que les analyses d'Aurel évoquaient Daphnis et Chloé ou bien la Leçon d'amour dans un parc.

Sur ce, le comité d'honneur s'étant retiré, on entendit mourir le même cri sur les lèvres de la jeunesse :

— Au-rel ! Au-rel ! Au-rel !

Ah ! que le son du cor est triste au fond des bois !

***

Je serais restée sur cette impression singulière de voir un auteur immortalisé par les uns et vilipendé par les autres si dans le même temps je n'avais reçu la visite d'un mien parent qui venait de sa province pour assister au jeudi de Mme Aurel.

Je lui trouvai la mine déconfite d'un Rubempré qui a manqué le coche.

— Que vous est-il donc arrivé ? demandai-je au fils de Perpignan.

— Ne m'en parlez pas, j'arrive de chez Mme Aurel.

— Quoi ! vous aurait-on mal reçu?

— Non point, mais ce que j'ai vu et entendu me prouve que je n'ai plus qu'à rentrer chez moi et à y planter mes choux !

— Ouais ! mon enfant, la leçon vaut bien un voyage.

— Vous en parlez à votre aise? Je n'étais pas venu pour ça ! L'autre dimanche, ayant reçu à Perpignan une invitation à moi adressée.

— Comme tout le monde en reçoit, dis-je.

— Je n'en savais rien, moi ; on m'invitait au fond de ma province à venir entendre jeudi, dans le salon de Mme Aurel, une causerie de M. Mouillard sur le jeune poète des Griottes, tombé au champ d'honneur. La convocation portait en outre une heure de bavardage et une heure de conversation générale. Je me dis, cela doit être sublime et charmant ; et puis, voilà bien mon affaire, je n'ai point de relations dans le monde des lettres c'est l'occasion de m'en faire, car, si j'en crois les journaux, c'est le salon de Mme Aurel qui lance les Jeunes et sauve les Oubliés. On doit rencontrer chez elle tous les grands écrivains, les femmes célèbres, les directeurs de revues et de journaux, sans compter les éditeurs. Maman, qu'en penses-tu? Ma mère pensa comme moi; elle ajouta même :

— Une invitation comme celle-là ne tombe pas du ciel. C'est un grand honneur que cette dame te fait là; assurément elle a lu tes vers et te trouve du talent.

Je me poussai du col et ne doutai plus des intentions que l'on avait sur moi.

— Je pars, j'arrive, continue mon jeune homme, le temps de me faire beau et me voici rue du Printemps. Ah! si dans ma joie d'être reçu par une femme aussi connue j'avais oublié le numéro de son hôtel, la foule m'eût enseigné le chemin. On faisait queue à sa porte, on se poussait, se bousculait sans charité aucune.

Le cœur ivre d'orgueil je franchis le seuil à mon tour. On me présente le livre d'or ! Je signe. Vous devinez avec qu'elle ivresse j'écrivis à la suite de tant d'illustres signatures : *Eugène Cornu, de Perpignan.*

D'un coup d'œil rapide je parcourus la feuille, mais sans y trouver les grands noms qui allaient encadrer le mien.

— Dépêchez-vous donc, monsieur, fit derrière moi une voix irritée, je n'ai pas le temps d'attendre, on va me chiper ma place !

Je me retournai et vis une nabote qui portait ceinture écarlate avec une aumônière pendant, sauf votre respect, jusqu'à cet endroit qui est, dit-on, le siège de toutes nos folies ! Je lui tendis la plume avec un grand salut, qu'elle ne me rendit pas, et je la vis monter quatre à quatre l'escalier des salles de réception.

Je la suivis, non sans jeter un regard à droite, à gauche, et, par une porte entrebâillée, j'aperçus une table servie magnifiquement : petits fours et sandwichs, brioches et babas, tartelettes et choux à la crème, sans compter une multitude de bouteilles, verres, tasses et gobelets, qui me laissèrent à penser que Mme Aurel faisait bien les choses.

Dans le même temps, quelqu'un tira la porte sur cette royale collation, donna un tour et mit la clef dans sa poche.

— Tiens, pensai-je, c'est une précaution contre les bolchevistes ! Il y en a donc partout, à présent?

Une poussée de la foule qui se ruait dans l'escalier me jeta au milieu d'un beau salon, aux trois quarts plein de messieurs âgés et de dames encore jeunes qui babillaient à cœur-joie. Personne ne fit attention à moi, et comme une barricade d'invités fermait le passage, j'eus le regret de ne pouvoir mettre mes hommages aux pieds de la reine de ces lieux. Je m'assis timidement auprès d'une grosse dame à collier de perles qui s'éventait pour chasser les mouches, et d'un monsieur qui serrait un paletot usagé sur un maillot de lutteur.

— Monsieur, lui dis-je tout bas, pouvez-vous me renseigner; j'arrive de loin.

— Ça se voit, grogna mon interlocuteur.

— Dites-moi donc, repris-je sans m'offenser, quelles sont les personnalités célèbres qui nous entourent?

— Je m'en f..., répondit cet homme sincère, je suis ici pour le buffet!

Je ne pus réprimer un mouvement de surprise et de réprobation; mais lui :

— Je ne comprends rien à leur charabia, mais on est nourri! Et puis vous savez, moi qui vous parle, j'suis pas un type ingrat!

Afin de me le prouver, mon homme retourna le chapeau qu'il tenait posé sur ses genoux et je vis sur les bords, écrits en grosses lettres rouges : *Lisez le Couple.* Il écarta les bords graisseux de son paletot et je lus sur son maillot couleur chair et comme tatoués à même la peau. *Voici la femme.*

— Hein, ça te la coupe, me dit-il, soudain familier, c'est de la publicité, ou je ne m'y connais pas.

Je marchai de surprise en surprise, sur la foi des Cours d'amour et des récits de l'Hôtel de Rambouillet, je n'imaginais pas que le salon de la Reine des Précieuses pût ressembler au métro et y recevoir des baladins.

A ces mots je crus devoir interrompre mon naïf garçon.

— C'était peut-être un raté. Ne savez-vous pas que les ratés font la gloire des uns et la mort des autres?

Mais, pressé de décharger son cœur, le jeune poète de Perpignan poursuivit le récit de cette inoubliable visite.

— Enfin, une dame resta seule, debout, devant ses invités. Aussitôt je la reconnus. C'était Mme Aurel ! Quelle belle femme, noble et sévère en son maintien, avec un teint en fleur, des cheveux blonds roulés, de grands yeux noirs qui commandaient le silence et l'attention ; une bouche serrée qui semblait retenir à pleines dents le secret de son inspiration. Elle avait la majesté d'une déesse. C'était une entité, car je compris, d'un regard, qu'elle était la vertu en soi.

Elle parla. Enivré, j'écoutai cette voix qui jetait à la foule l'ordre de méditer sur un sujet gracieux : l'Amour et l'Enfant.

Que vous dirai-je, madame, poursuivit l'enthousiaste jeune homme, je sentais bouillonner en moi mille pensées ingénieuses et subtiles. Mille souvenirs de mon enfance, qui fut ardente, m'incitaient à parler. Mais j'entendis proférer de telles sottises, de telles malignités, de telles niaiseries que je laissai les ânes braire, et lorsque arriva l'instant d'écouter M. Mouillard parlant de M. des Griottes, j'avais perdu cette frénésie d'attention qui permet de communier avec les grandes âmes, et ne songeais qu'à détaler.

C'était pour entendre cette conversation-là que j'avais fait le voyage de Perpignan !

Je m'approchai de l'impassible divinité qui régnait sur tant de misérables esprits.

Elle me regarda d'un air aimable et lointain.

— Comment vous nomme-t-on?... *Eugène Cornu !* Le beau nom pour un poète !...

C'en était trop ; je m'enfuis sur ce mot terrible. Se moquer de moi, ainsi !

Je rassurai mon provincial, et quand il fut parti j'ouvris un livre d'Aurel, *les Saisons de la mort.* Ayant lu, je restai songeuse, car devant moi s'élevait un fantôme couronné d'étoiles. Je compris par ce symbole, que tout ce que faisait, disait, écrivait cette âme ingénue et compliquée, s'évanouirait dans la nuit des temps et que de cette œuvre énorme, désordonnée et obscure, il resterait quelques morceaux étincelants, qui brilleraient pour toujours, comme des étoiles au firmament.

Mme AUREL RÉPOND A Mme GABRIELLE RÉVAL

2

*— Cet article n'ayant pas été du goût de Mme Aurel, l'*Eclair *reçut et publia une protestation. J'offre avec plaisir ce curieux document à la méditation du lecteur.*

G. R.

« Mon cher *Eclair,*

« Je n'ai pas à remercier Mme Réval de la bonne copie que je lui ai fournie.

« Mais à vous, si parfait toujours pour mon œuvre, je dois le redressement de quelques folichonneries échappées à sa plume. La fantaisie ne vaut que d'être adéquate au sujet dont on sourit, et trois fois au moins cette dame s'égare et tombe un peu trop à côté des us de ma maison pour que je la laisse ainsi dans une posture assez indigne de son esprit professant.

« L'invention de son homme-sandwich serait plaisante s'il s'agissait d'une autre que de moi. Mais voilà : ni mes *Saisons de la mort,* ni *Rodin devant la femme,* parus depuis mes jeudis de poètes, n'ont même été *cités* chez moi. Je mets ma coquetterie à laisser ignorer aux badauds fervents ou mondains mon œuvre méditée. Pas de plus fine volupté que d'entendre un innocent me dire : Vous écrivez, madame?

« A mon œuvre dévouée seule, à mon œuvre sociale, je les invite, ne me sentant pas le droit de les en exempter ! C'est là que j'ai *besoin de tous* pour mes sœurs brimées, dégradées par la conception méphytique de l'homme.

« Elles subissent encore *l'improbation d'Etat.*

« L'État infériorise de vive force la Française aux yeux de l'étranger en lui refusant la dignité politique et le pouvoir de travailler en hâte à la Constitution... absente de ce peuple.

« Vous savez trop *que nous n'avons pas de Constitution ;* sans les femmes au pouvoir nous resterons invertébrés, et — c'est un goût — j'ai horreur des mollusques.

« Mme Réval, qui n'a visiblement ouvert ni mon livre *le Couple* ni la *Semaine d'amour,* se pousse jusqu'à me trouver « obscure et désordonnée avec « quelques morceaux étincelants » !! On l'a dit de Chateaubriand, c'est donc trop dire, et j'ai un faible, celui de l'exactitude.

« Je me contente de chercher l'atmosphère, les conditions, les mœurs et le climat favorable à l'évolution de la personnalité. Parce que j'invente tout — et l'outil et ma méthode de composition — « Aurel est claire pour ceux qui

« ont des yeux. Les autres disent qu'elle « est obscure ».

« Aurel a créé des livres que personne « n'avait rêvés avant elle. » (*La corbeille de roses*, par J. de Bonnefon.) « La com- « position du livre d'Aurel est extrême- « ment serrée, rien ne s'en peut inter- « vertir. » (Camille Mauclair, page 33 de la brochure *Aurel*, par Clouard.) Parce que je rénove tout, il ne faudrait tout de même pas regarder mon effort en gros, comme regarde un bœuf !

« Il faut s'approcher, madame, pour lire. Il faut regarder autre chose que le titre. Vous avez fait vos classes.

« Je voudrais vous épargner la méprise de répéter avec les ignorants : Obscurité, à qui cherche à vous douer d'une lueur de plus. Et puis, croyez-moi, l'instant vient où il faut savoir changer de cliché.

« Il ne faudrait tout de même pas écheveler la fantaisie, ni s'arrêter et buter dans l'observation jusqu'à traiter mes disciplines de désordre sous prétexte que je demande et que j'apporte une règle de plus.

« Je veux renouveler *la conscience du couple* et non pas seulement la conscience amoureuse.

« Parce que je tends à nous rendre la mise en ordre de l'âme tandis que l'homme a mis l'esprit en ordre, parce que je cherche les lois de la logique féminine pour soutenir la logique virile, il ne faudrait peut-être pas continuer à me traiter en bon brouillon illuminé sous peine de se charger d'un comique un peu lourd au regard des gens qui lisent de près.

« Je vous redis, cher *Eclair*, ma vive estime en solidarité pour votre précision habituelle.

« AUREL. »

COLETTE

COLETTE

Il y a bien du merveilleux dans l'histoire de Colette ; son destin participe d'un conte fée. Elle fut quasiment en son enfance notre petit chaperon rouge, et le chaperon rouge est aujourd'hui reine et maîtresse dans le royaume des lettres !

Donc, il y avait une fois, dans un village bourguignon, une petite fille qui aimait beaucoup les bois. Un jour, quittant sa maison, qui s'appelait la maison de Claudine, son panier au bras — avec le pot de beurre et le quignon de pain — elle s'en alla seulette et se prit à rêver sur la mousse.

A peine était-elle entrée en sa songerie qu'elle vit venir toutes les bêtes de la forêt, grandes et petites; chacune lui parlait en son langage, qui était amical et franc.

Par miracle, la petite fille comprit tout ce que racontaient les hôtes du bocage, et elle prit tant de goût à les entendre qu'elle en oublia les gens du village.

Quand elles eurent fini de parler et la petite d'écouter, parut une autre bête, une bête mystérieuse qui ne dit rien, mais la regarda avec ses grands yeux et lui montra ses grandes dents.

— Voyons ce qu'elle me dira, pensa la petite curieuse, qui suivit la grande bête jusqu'au fond du bois, et là le loup la mangea.

Triste histoire du petit Chaperon rouge.

— C'est dommage, dirent les fées, que nous laissions perdre une enfant comme ça ! Rendons-lui la vie, mais punissons sévèrement sa curiosité.

Aussitôt dit, aussitôt fait !

— Petite, fit l'une des fées, qui tenait en la main une plume arrachée à l'aile d'un coq sauvage, si tu nous promets à l'avenir de raconter avec vérité et selon ton instinct tout ce que tu as vu et verras, dans la forêt, au coin du feu près de tes bêtes, dans ta maison, dans ton école, etc., etc., etc. ! Si tu acceptes de vivre au milieu des hommes qui seront des loups pour toi, de raconter leurs histoires et les chagrins qu'ils te causeront à toi et à mille autres femmes qui ne seront ni prudes ni sages, mais pauvrettes aimant l'amour avec rage ; si tu fais ta compagnie des baladins, sauteurs et pauvres hères dont tu partageras la vie errante d'un cœur dolent ; si tu abandonnes le doux refuge de ta paisible maison des champs pour n'être qu'une vagabonde ; si tu détournes tes yeux tristes des pleurs de la nuit, qui restent suspendus à la pointe des feuilles jusqu'à ton réveil ; si toi, l'enfant de la nature, franche, forte et saine, tu acceptes de vivre au milieu de la bohème, avec le cuisant regret de tout ce que tu as perdu. Paris est à toi !

— Paris vaut bien une messe ! Adieu mes bois, mon école, mon village. Il me reste Kiki-la-Doucette !

C'est ainsi qu'elle fut sacrée dans les bois. Puis Colette s'en alla vers Paris, suivie de ses bêtes familières, emportant sa couronne de romarin — pour le souvenir — et la plume d'une fée qui venait de l'aile éclatante d'un coq sauvage.

Lorsque je connus Colette, en 1900, c'était une adolescente plutôt qu'une jeune femme.

Elle avait perdu ses couleurs campagnardes et portait chez elle une robe de soie noire, avec une rose rouge sur l'oreille.

C'était le temps des cheveux longs et des grands yeux tristes. Son visage triangulaire faisait songer aux divinités mystérieuses de l'Égypte, à la déesse-chat.

Elle ne parlait guère, mais sa bouche, aux lèvres minces, semblait retenir les mots que sa plume allait lancer. Était-elle timide? Avait-elle des doutes sur son esprit, bien qu'en ce temps-là tout Paris, le bon et le mauvais, fut amoureux de *Claudine à l'école.*

Peut-être ne comprenait-elle pas encore la cause du succès triomphal de ce livre d'une petite fille !

Nous avions alors le même éditeur. Je salue ses cendres ! C'était un ancien marchand de sardines qui avait acheté une grande firme d'éditeur pour se faire une situation dans la capitale.

Il m'avait dit, bonhomme :

— *Sévriennes,* un livre sur l'éducation des filles ! Tiens, comme ça se rencontre; on vient de m'apporter un sacré petit livre sur les fillettes à l'école! Deux livres à la fois sur la même histoire, c'est beaucoup. Qu'en pensez-vous, Valdagne?

Mon cher ami Valdagne répondit, de façon à rassurer « le patron », que *Sévriennes* et *Claudine à l'école* ne se ressemblaient point.

C'est ainsi que, par Colette et par moi, la *laïque* fut, cette année, une vedette de la librairie.

Du premier coup, une ingénue, une fillette rustique, d'une intelligence merveilleuse, se révélait écrivain.

Puisqu'il est avéré que l'ouvrage était le fruit d'une collaboration, il n'est pas difficile de discerner la part de chacun. Colette offrait ses souvenirs d'écolière, écrits dans une langue fraîche, vive, colorée et poétique. Willy, qui était un lettré et un fin connaisseur du dix-huitième siècle, sut donner aux *Claudines* ce ton libertin et cet esprit satirique qui ajoutent à ces livres tant

de caractère et d'attraits, et les apparentent aux romans de Crébillon fils.

Celui des deux qui avait le plus de lecture montra le chemin à l'autre, et Colette, continuant d'écrire seule, resta fidèle à cet esprit libertin qui avait soufflé sur les *Claudines* comme vent sur braise. *L'Ingénue libertine*, *l'Envers du music-hall*, *la Vagabonde*, *l'Entrave*, *Chéri* sont autant de tableaux douloureux, comiques et sensuels des mœurs du temps.

— *La Maison de Claudine*, me dit le grincheux qui me voit lire le dernier livre de Colette, qu'est-ce encore que ce roman-là?

— Ce n'est pas un roman, mais des souvenirs d'enfance de la vraie Claudine, des souvenirs en fleurs ! Lisez-les donc.

— Jamais de la vie ! J'ai horreur de la sensualité des livres de Colette ! Pourquoi? Je m'en vas vous le dire, fit le grincheux avec emportement. Colette, c'est la paysanne pervertie ! Avec son accent bourguignon, sa grosse voix, son rire qui éclate, ses effets comiques, elle vous a des airs bon enfant qui trompent...

— ...

— Bien sûr, j'ai lu les *Dialogues des bêtes ;* à cause de ce livre-là je lui donnerais peut-être l'absolution, mais quand je pense au reste, j'en demeure pantois !

— ...

— Oui, je lui en veux d'avoir osé écrire ce qu'elle a écrit, parce qu'elle est femme, parce qu'elle a péché, depuis vingt ans, par les yeux, par les oreilles, par la bouche, et qu'en lisant des livres écrits dans le feu des passions, elle me force à pécher avec elle !

— ...

— Il n'y a pas de grand dieu ! Je puis bien vous l'avouer, je sais que vous ne le répéterez pas !

— ???

— Primo, elle a péché par les yeux ! La nature a donné à Colette une paire d'yeux extraordinaires ; des yeux à facettes qui savent tout voir. D'un regard, elle vous saisit l'objet qui l'intéresse et n'oublie rien du milieu, du décor, ou de ce qui fait l'atmosphère. Elle voit juste comme un naturaliste, et elle voit en même temps comme un poète. A quoi applique-t-elle des dons aussi rares?

— ...

— A la vie?... Sapristi non, au carnaval des sept péchés capitaux, comme s'il n'y avait que ça dans la vie, luxure, avarice, paresse, concupiscence, intérêt, désir bas et trahison. Avec une ivresse triste, elle se jette là dedans et salit ses regards à ce vil spectacle.

— Mais oui, elle voit les gens tels

qu'ils sont, puisqu'elle les voit tout nus. Je veux dire qu'elle voit leur âme à nu, une âme qui n'est pas belle ! Ce n'est pas de *Chéri* que les Grecs pourraient dire « une âme saine dans un corps sain. » Est-ce qu'il n'y a pas autre chose à regarder dans le monde, que Dieu a fait si beau?

— ...

— Elle me fait pécher par l'oreille avec elle, car Colette ne se contente pas de peindre ce que ses yeux ont vu, elle nourrit ses livres moins des trouvailles de son imagination que des confidences qui lui sont faites. Où les ramasse-t-elle ces confidences? Dans les coulisses de théâtres, de music-halls, dans les trains, les palaces, les casinos, qui ne sont point des sanctuaires. Alors, je me dis quelquefois : les oreilles de Colette doivent être sales comme les oreilles d'un prêtre le vendredi saint !

— ...

— Pardi, la veille de Pâques on se

confesse des péchés de toute l'année. Colette reçoit les confessions de toute une vie de pécheresse. Ne pourriez-vous lui dire qu'il y a des âmes propres qu'on peut entendre, des âmes dont la douleur est saine et poignante? Pourquoi ne nous montrer que la détresse et la misère des âmes basses, des femmes perdues, des vierges folles et l'amoralité de certains jouvenceaux? Sacrebleu, fit mon interlocuteur, la douleur du monde est d'une richesse infinie; qu'elle s'y taille un manteau pour l'éternité; elle le peut !

— ...

— C'est aussi votre avis. J'aurai tout dit quand j'aurai ajouté qu'elle pèche par la bouche parce que ses images exquises, ses trouvailles étonnantes, ses couleurs si fraîches, le rythme de son langage, la place heureuse du mot, choisi avec une justesse étonnante, font que son art participe de la musique ou de l'architecture. Un art pareil ne lui sert qu'à exprimer les désirs, les plaisirs, les rages d'un peuple de démons. J'enrage de voir une femme éloquente par instinct n'être, après tout, que l'avocat du diable !

— Voilà justement pourquoi elle est grande, répondis-je à ce critique sévère, pourquoi elle est originale, pourquoi elle nous plaît, c'est parce que Colette est l'avocat du diable. Non du Diable qui fuit le bénitier, mais du grand Diable qui est partout dans la nature, et qui ressemble au grand Pan comme à un frère. Allons, allons, ne vous bouchez pas les oreilles pudiquement ; écoutez-la ! Comme sa voix est pathétique et belle !...

Mme ALPHONSE DAUDET

Mme ALPHONSE DAUDET

On ne décore pas une femme à l'ancienneté !

C'est pourtant ce qui vient d'arriver à Mme Alphonse Daudet, la veuve du grand romancier auquel Paris fit autrefois des funérailles nationales.

Elle reçoit le ruban rouge, à l'âge où d'autres sont en passe de devenir commandeur !

O Justice ! Tandis que notre « consœur » la charmante Mme Z..., recevait dans la fleur de son âge, on ne sait trop pourquoi, le ruban rouge qu'elle porte en deux traits sur la poitrine, « comme une rature », dit une méchante langue, Mme Daudet, poète et moraliste, épouse d'Alphonse, mère de Léon, le fougueux pamphlétaire, de Lucien, ce dandy qui fut la parure du Salon de l'Impératrice; mère d'Edmée, qui inspira des vers si tendres à l'auteur de ses jours, Mme Daudet, l'une des personnalités les plus en vue du monde des lettres, dans le rang, marquait le pas ! Dieu soit loué, l'oubli est réparé. Comme François Coppée serait content !

Il y a bien des années de ça, je rencontrai l'auteur de la *Bonne souffrance* devant le tombeau de Napoléon.

Que venait-il faire là, et qu'est-ce que j'y venais faire moi-même? C'était un dimanche, il y avait quelques troupiers errants. Le poète s'attristait de voir si peu de monde autour des mânes du petit Caporal.

Tout à coup, il me dit :

— Vous faites bien partie de ce comité de la *Vie Heureuse*, qui distribue chaque année un prix de cinq mille francs?

D'un signe, j'affirmai qu'il ne se trompait pas.

Le visage de Coppée aussitôt s'éclaira.

— Vous avez parmi vous une femme remarquable ! Quel charme, quelle distinction, quel agrément ! Pas l'ombre de méchanceté ou de perfidie et rien d'un bas-bleu ! Ah ! quel plaisir de converser avec un esprit qui est resté fidèle à la tradition, à la bonne, la seule, la vraie, à la tradition de notre mère la sainte Église et à celle de nos rois !

— C'est Mme Daudet ! m'écriai-je.

— Vous l'avez nommée, dit-il d'un air rayonnant. N'est-ce pas que c'est une femme unique?

— J'en conviens volontiers.

— Alors, vous pensez comme elle?

— Pas du tout.

— Est-ce possible, vous donneriez dans le travers du féminisme? Ah ! mon amie (c'est la seule fois de ma vie que Coppée m'ait nommée ainsi), croyez-moi, pour sauver la France, il nous faut des milliers de Françaises qui vivent, pensent, écrivent comme Mme Daudet !

La France est sauvée, pensai-je, car il y a des milliers et des milliers de femmes qui vivent et qui pensent comme Mme Daudet, — mais toutes ne savent pas si bien écrire qu'elle, — car les vertus qui jettent notre vieux poète dans un tel ravissement sont des vertus éminemment françaises : *Dévouement, Travail, Persévérance, Finesse, Soumission conjugale !*

La vie entière de Mme Daudet est l'illustration de ces vertus de chez nous. Elle fut la compagne intelligente et zélée d'un grand écrivain qui avait, besoin, comme tout artiste, d'une affection fidèle et clairvoyante. Avant de penser à soi, Mme Daudet pensait à lui.

Selon l'heureuse expression d'une femme de cœur, elle fut le chasse-pierres qui déblaie la voie devant la machine.

Elle éleva ses enfants comme une mère de l'ancien régime, dans le respect de l'autorité, des lois, des usages et des mœurs. Elle ne quitta jamais sa fille d'un instant et fit son éducation avec une rigueur qui étonne en notre siècle où les filles ont pris assez d'empire pour s'amuser à dégourdir leurs mères.

Mais le souffle d'indépendance de notre siècle ne l'a point effleurée, car je me suis laissé dire que Mme Daudet ne permit pas à sa fille de lire des livres de son père avant son mariage. En cela, elle se conformait à la volonté du fils aîné qui se substituait à la volonté du père disparu, selon la loi antique des familles provençales. Et selon la même loi despotique, la femme devait rester dans l'ombre du mari.

Mais cette ombre, Mme Daudet l'éclairait doucement, comme une lampe, une lampe voilée !

On disait de l'honnête homme du XVIIe siècle qu'il ne se piquait de rien. Je ne vois pas de formule qui s'adapte mieux à l'individualité de Mme Daudet, qui se cacha longtemps d'être un poète sensible et un moraliste délicat. Le meilleur de ses œuvres parut après la mort de son mari.

— Alphonse n'aime pas les femmes qui écrivent, disait-elle.

Voilà le secret de son silence. En connaissez-vous beaucoup qui eussent consenti à rester muettes?

Mais elle régnait par ailleurs, car son salon était fréquenté des meilleurs esprits du temps, à commencer par les membres de l'Académie Goncourt, Edmond, le fidèle, le susceptible et tyrannique Edmond en tête. L'académicien — soit dit à la louange de Mme Daudet — n'y était pas mieux accueilli que l'auteur inconnu, s'il avait du talent.

Je ne saurais oublier le souvenir de ma première visite, rue de l'Université où Mme Daudet habitait un bel hôtel entre cour et jardin.

Un vieux domestique d'archevêque vous ouvrait la porte ; on avait la sensation de recevoir au passage trois petits coups d'eau bénite, puis on entrait dans un vaste salon que décorait le célèbre portrait de Carrière. Il était accroché au mur, et semblait une figure d'autel par sa douloureuse ressemblance avec le Christ. Mais sa tristesse ne troublait point les visiteuses qui faisaient le rond autour de la maîtresse du logis, en *tea-gown* de soie noire avec manchettes de vieilles dentelles.

Ce visage délicat, à peine meurtri, cet air mélancolique et voluptueux auraient charmé la Rosalba. Quelle douceur attirante dans l'expression, quelle délicatesse dans le teint, et les cheveux encore dorés, et les yeux indécis, couleur du temps, couleur de l'onde, où toutes les tempêtes mouraient dans un regard qui s'éteint.

Coppée n'avait pas tort de vanter la douceur de son amie, mais je crois bien que cette douceur était acquise, et qu'elle bridait la violence d'un caractère qui s'est révélé, dans nos réunions du comité *Vie Heureuse*, par quelques emportements célèbres.

Une année qu'il s'agissait de couronner un livre audacieux et plein de talent, Mme Daudet parla aux juges comme l'avocat général, au nom de la morale. La reine des Amazones, qui se trouvait parmi nous, protesta, mais elle reçut une flèche aussitôt, qui lui perça le sein :

— Ah ! madame, s'écria Mme Daudet, vous l'avez donc lu avec des yeux purs !

Notre Penthésilée n'avait pas assez de cran pour riposter. Il y eut sur toutes les lèvres un petit sourire et un grand silence : tous les anges eurent le temps de passer !

La pensée de Mme Daudet est avant tout une pensée chrétienne (bien que ce jour-là, dans son indignation, elle ait manqué de charité). Ce n'est jamais une pensée étroite ou craintive. Elle défend ses idées avec acharnement; elle combat pour la défense des lettres, du goût, de l'art. Elle sait discerner le talent, et le soutenir quand il lui plaît, et quand il ne lui plaît pas, elle le dit comme elle le pense, appelant un chat un chat, et l'autre un fripon. Par principe, elle soutient toujours les femmes, qu'elle appelle les *Sacrifiées* ! Vraiment !

La voici présidente de ce comité de femmes de lettres qui n'est ni un club ni une Académie, mais qui a quelque chose de l'une et de l'autre. Ce n'est pas une tâche aisée que de conduire la discussion d'un livre devant ce jury de vingt-cinq femmes qui sont si différentes par le talent, la situation, la culture et le tempérament. L'opinion, parfois, est incertaine et s'en va comme bâtons flottants. Il faut du tact et de l'autorité pour mener l'escadron. Au cours des années, nous eûmes, à la *Vie Heureuse*, quelques belles présidences : celle de Mme Dieulafoy, qui était ferme et rigoureuse comme un petit homme; Séverine, qui par son éloquence, entraînait les votes; Rachilde, qui revigorait tout par sa puissance; Mme de Rohan qui apaisait les déchaînées.

La présidence de Mme A. Daudet sera une présidence de bonne compagnie. Je suis tranquille : point de chamaillerie, avec elle !

Et l'écrivain, me direz-vous?

Je disais que l'écrivain se confond avec la femme. Les vers que Mme Daudet a publiés: *Au bord des terrasses*, *Reflets sur l'eau et sur le sable*, sont des vers qui expriment sa tendresse maternelle, son amour de la nature, ses sentiments de piété. Elle n'a d'ailleurs livré de son âme et de sa vie secrète que ce qu'il lui a plu de livrer. Il y a dans son art une retenue, une discrétion qui n'existent point chez Desbordes-Valmore. Est-ce parce que, femme heureuse, elle n'eut point d'histoire, ou parce que la pudeur de son âme est inexorable?

Il faut nous contenter de ces reflets nuancés, sur le sable et les eaux de la Loire, et d'aveux délicats comme celui-ci :

Si j'ai vu la nature et gardé son empreinte,
Comme un voile impalpable et de parfums tissé,
Qui fit mon esprit clair et mon âme sans crainte,
Et me donna le goût des choses du passé,
C'est aux vieux murs rejoints par des chaînes de [lierre,
Aux bancs rivés au sol plus fort que des tom- [beaux
Aux charmilles, gardant des voûtes de lumière
Dans l'entrelacement ancien de leurs rameaux.
Aux sources dont l'eau vive emplissait les fon- [taines

D'un flot presque invisible à force d'être pur,
Que j'ai dû mon regard vers les heures lointaines
A travers le chagrin de ce monde peu sûr !

A ces volumes de poésie où le vers se presse, facile, nombreux et charmant, il sied d'ajouter un livre exquis dédié à *Odile,* sa petite-fille. Mme Daudet s'y révèle peintre de l'enfance et de l'intimité. Des articles parus dans les grandes revues, qui décèlent un sens très vif de l'observation directe, comme ce voyage en Angleterre, si amusant. Mais je ne parlerai pas du *Journal pendant la guerre,* parce qu'on ne taillade pas le monstre, en mois ni saisons lorsqu'on attend, impuissante, mais loin du danger, le destin de nos armes.

Et si vous me dites : « Pour tant d'années vécues, le bagage est léger ! », je vous répondrai, avec mon bon maître, ami lecteur, qu'il y a des choses qui se pèsent à la balance et d'autres à la bascule !

Lucie DELARUE-MARDRUS

LUCIE DELARUE-MARDRUS

Il se peut que Lucie Delarue-Mardrus aille un jour faire des conférences en Amérique. Je lui conseille, à ce moment-là, de souffler à son manager :

— Ne dites pas aux Américains que je suis une femme célèbre en mon pays, mais dites-leur que, de toutes les poétesses, je suis celle qu'on a *le plus* photographiée !

Cette simple déclaration, qui n'a rien à voir avec le talent, lui assurerait à l'avance des salles combles, car je me suis laissé dire qu'en Amérique, pour frapper la curiosité du public, il faut mettre le signe + devant quelque chose.

La beauté de Lucie Delarue-Mardrus est cause que ses portraits sont innombrables. Celle qui porte un nom digne des *Mille et une Nuits : Princesse Amande,* me paraît suivie d'un nain galant qui, le miroir à la main, capte par magie au soleil et aux lanternes des images ravissantes, et les fixe instantanément au cœur de *Femina,* à la première page du *Journal,* d'*Excelsior,* voire à la dernière, car, parmi les annonces d'un magazine étranger, j'ai vu le beau visage de mon amie servir d'avantageuse réclame... à une poudre à dents ! C'est bien là un triomphe populaire de sa beauté.

Quel délicieux musée de portraits l'on ferait à Honfleur, au Pavillon de la reine, pour les admirateurs de Lucie Delarue-Mardrus qui viennent en pèlerinage vers sa ravissante demeure. L'y voici, peinte par elle-même, ses grands yeux noirs fixes dans un visage impassible comme celui de l'idole. La voici en Sirène avec des poissons d'or et d'argent qui scintillent autour d'elle; en figure de proue, immobile à la barre du bateau qui l'emporte; en musulmane, traversant le désert sur le dos du méhari; en jeune garçon botté et chapeauté qui a le charme ambigu du chevalier d'Eon; en cow-boy, sur le cheval que l'intrépide nomma par amitié : Cœur-Volant! La voici avec les voiles, les colliers et les amulettes d'une femme de harem; sous le burnous du chanteur arabe, accroupi sur le sol et psalmodiant ses chansons tristes. Enfin, debout, robuste et fière, comme l'Ève qui vient de naître, coiffée de ses cheveux en couronne, taillée dans la pierre, comme un antique par le ciseau habile d'Yvonne Serruys.

Ces multiples images fixent les aspects divers d'une curieuse individualité qui se plaît par instinct ou par fantaisie d'artiste à ces métamorphoses.

Lucie Delarue-Mardrus est aussi variée dans les manifestations de son esprit qu'elle l'est dans ses attitudes et dans ses atours. Elle est poète, romancière, peintre, sculpteur, violoniste et même écuyère, une écuyère qui rêve des prouesses du cirque.

Tombons d'accord sur sa valeur exceptionnelle de romancière et de poète, et mettons que le reste ne soit qu'un divertissement. C'est à l'heure de ce divertissement que Lucie Delarue-Mardrus m'apparut sous sa forme la plus pure, c'est-à-dire la plus simple. Je la vois encore dans son atelier du quai Voltaire se reposant d'avoir écrit, en prenant son violon. Son attitude était pleine de noblesse, elle goûtait par la musique un tel plaisir mystique que son visage était dans le ravissement. Je crus voir devant moi l'Ange au sourire, l'ange de Reims, qui adressait sa candide prière à la vierge invisible :

— Je vous salue, Marie, pleine de grâce...

— Hé quoi ! me crie mon voisin morose, c'est l'Ange de l'Amour que vous nous montrez-là ! Allez-vous point nous raconter son histoire, et nous dire ce qu'il fait, où il va lorsqu'il ouvre ses ailes?

— Sachez que l'Ange fait ce qu'il veut et dans ses livres ne se raconte pas.

— Éloa se racontait pourtant, qui était un Ange-poète !

— Soit, mais l'Ange au sourire a plus de mystère, ce n'est pas lui qui dirait, volant sur le pays de Tendre : « J'y fus et telle chose m'advint ! »

— Naïf ! Je croyais qu'ange ou démon la femme aimait se raconter en ses écrits.

— Et l'imagination? N'est-ce pas en rêve que le bel ange, ayant rencontré une île célèbre dans l'archipel, entendit gémir une femme qui se penchait sur les flots; égarée, elle cherchait le corps de son jeune amant; il s'approcha, l'enveloppa de ses ailes, la serra sur son cœur, et emporta Sapho jusqu'aux ruines de Carthage, où ses plaintes harmonieuses retentirent en vers raciniens.

Lucie Delarue-Mardrus est née poète, mais elle est devenue romancière. Dès ses premiers vers, qui parurent à la *Revue blanche*, elle conquit le public par sa vigueur, sa grâce juvénile, son amour de la vie, de la nature, son lyrisme qui exaltait sous une forme colorée les héros de sa race, la beauté de sa patrie.

Occident, Ferveur, Horizons, Figures de proue se succèdent dans la fougue d'une création facile jusqu'à ce livre fait de ses sanglots, qui s'appelle : *Maman.* Les poètes la fêtent et la louent, et ceux qui ne sont pas familiers avec la langue des Dieux répètent ce vers charmant où l'on respire toute la Normandie :

L'odeur de mon pays est dans une pomme.

Non cette Normandie, pays de la chicane et de la finasserie; non cette

Normandie avaricieuse et fourbe, qui a sur les lèvres la chanson du « ni oui, ni non », et pas davantage cette Normandie des esprits déliés et subtils, comme celui de Rémy de Gourmont à qui M. Paul Souday fait reproche de versatilité en ses jugements critiques. Mais la Normandie héroïque, celle des Wikings, celle des chocs d'armes, des chants de guerre, des cris rauques et des clameurs qui sèment l'épouvante. Le chant farouche de l'Épée a retenti aux oreilles de cette fille des rois de la mer, son cœur a frémi, et nous avons entendu sonner sur sa lyre la corde d'airain.

L'originalité des premiers poèmes de Lucie Delarue-Mardrus est la révélation de cette âme fougueuse qui sait s'adoucir, quand il lui plaît, pour chanter après l'assaut des fleuves et des rivages, la lumière sous les pommiers, la douceur des saisons, l'enchantement de la musique. Sa voix vint se marier au chœur des poètes normands qui compte le Ch.-Th. Féret, les Fernand Fleuret, les Roger Allard, etc...

Si, dans la suite, l'inspiration de Lucie Delarue-Mardrus s'est éloignée de sa terre natale, c'est pour obéir au génie errant de sa race qui l'entraîna vers la mer latine où ses ancêtres avaient passé. Ses yeux y sont éblouis par l'Afrique, l'Italie, la Sicile. Elle pille du regard les richesses qu'elle emporte sur les bords de la Seine, et qui feront sa fortune spirituelle et sa gloire. Précieux butin qui enrichit ses vers, nourrit sa prose; pendant des années, elle nous contera ce que ses yeux ont vu, ce que son esprit a retenu de ces voyages.

Les romans de Lucie Delarue-Mardrus ne sont pas des confidences voilées; elle ne cherche pas non plus à peindre les foules, leur aspect, leur vie tumultueuse. Mais elle excelle à rendre la vérité sensible, à faire vivre avec une précision d'observateur et de psychologue, avec l'intuition du poète, les types qui plaisent à son cœur si tendre et à son imagination héroïque. Elle les choisit dans les milieux qui lui sont familiers, milieux de gens de mer, de paysans normands, d'artistes parisiens, de petits bourgeois de partout et de nomades.

Elle n'aime pas la vie mondaine, et s'en détourne dans ses livres, comme d'un milieu cruel et mensonger. Elle a donné sa préférence aux êtres simples et sincères, aux êtres qui s'ignorent ou qui sont restés le plus près de la nature.

Dans ses premiers romans, Lucie Delarue-Mardrus est du côté des naturalistes. Lisez *Marie fille-mère*, *l'Acharnée*, *Douce moitié*. Sa franchise dans l'étude de ses sujets est une audace. Mais, abandonnée à sa seule inspiration, elle laisse la poésie reprendre ses droits, et la vulgarité qui pouvait s'accrocher à ce naturalisme disparaît. L'idéalisme est le plus fort. En pensant à l'évolution de son talent, qui à cette période de sa vie est moins féminin qu'aujourd'hui, je pense au célèbre tableau de Rembrandt, qui est à Dresde, où l'on voit l'aigle de Jupiter ravissant au ciel l'enfant Ganymède, qui crie, se débat, et pisse d'effroi dans l'azur ! Le génie du peintre a fait de ce sujet réaliste une immatérielle rosée !

A mesure que l'art de Lucie Delarue-Mardrus approche de sa maîtrise, ses sujets se limitent. Elle s'attache aujourd'hui à l'étude des âmes d'enfants. Elle se penche vers eux avec bonté, les écoute, les regarde, entend leurs pensées, les plus secrètes, démêle les drames mystérieux qui se jouent dans ces cœurs profonds, dans ces cœurs timides. Elle exprime le trouble, l'angoisse, le désir, le désespoir et l'amour chez les enfants avec une perspicacité, une délicatesse, une fraîcheur, une sensibilité, une naïveté dans la vérité qui font penser que par miracle cette femme

de si grand talent a gardé son âme de petite fille.

Voyez *Toutoune et son Amour*, *Un cancre*, *Monnaie de singe*, *l'Ame aux trois visages*, *le Roman des six petites filles*, *Ex-voto*.

L'auteur de ces livres exquis n'est mère que par l'esprit et par le cœur. Son enfance l'inspire, elle est devenue le grand thème, aux mille variations. Elle laisse renaître ses souvenirs et puis elle brode !

J'écris avec intention *elle brode*, car je considère l'œuvre de cette Normande comme une suite de la célèbre tapisserie de Bayeux !

Qui ne connaît l'ouvrage de la reine Mathilde? Durant que son époux était parti pour conquérir l'Angleterre avec tous les mâles de son duché, la reine, et ses suivantes, brodaient sur la toile les exploits des guerriers. En marge de la glorieuse tapisserie, elle retraçait ses souvenirs heureux, l'espérance du retour prochain, son impatience amoureuse et aussi le tourment de ses nuits solitaires !

Après des siècles, le trésor de Bayeux s'enrichit de broderies nouvelles. Reprenant la tâche de la reine Mathilde, une artiste d'aujourd'hui poursuit le vivant récit, son aiguille pique et pique la soie neuve sur la vieille toile des ancêtres. Mais ce ne sont plus combats d'hommes d'armes pour la conquête d'outre-mer qu'elle retrace avec orgueil et mélancolie, mais jeux charmants de l'amour ingénu, drames de la vie, songes et terreurs, rêves et enchantements de la Geste enfantine.

De la reine Mathilde nous ne savons rien, si ce n'est que le temps lui durait d'être sans époux !

De la reine Lucie, sa fille spirituelle, nous savons qu'elle est belle, qu'elle est bonne, douce et laborieuse, et prend son plaisir, sous les pommiers en fleurs, à sourire aux enfants, et, comme une mère, à leur tendre les bras.

MYRIAM HARRY

MYRIAM HARRY

— Lorsque j'étais petite, raconte en riant Mme Myriam Harry, j'aimais les beaux mots, et je répétais sans cesse ceux qui avaient charmé mon oreille. C'est ainsi qu'un jour, ayant entendu un mot qui me semblait admirable, je m'en allai, guillerette, sous les palmiers, chantant à tue-tête : « Syphilis !... Syphilis !... Sy... ! »

Ah ! quelle enfant c'était là !

Ce n'est pas, généralement, par ce mot secret et redoutable que les petites filles, chez nous, commencent à réciter les litanies de Vénus. Mais, de mot en mot, épelés dans notre langue, qui n'était pas la sienne, la *Petite fille de Jérusalem* arriva très vite au verbe aimer, et le moins qu'on puisse dire, c'est que le plus beau mot de la langue française bondit de tous côtés et en tous sens des œuvres charmantes de Mme Myriam Harry.

Il bondit avec la prestesse et la folie d'une bille lancée par un adroit bilboquet, tantôt sous le ciel brûlant de l'Afrique, près des jets d'eau, des terrasses et des divans indiscrets du harem; dans les vergers de Palestine; au bord des fleuves de la mer de Chine, sur les routes des caravanes, au milieu des flocons de neige qui couvrent les sapins de la Germanie, sous le ciel gris et rose du pays de France.

A ce jeu du bilboquet, on ne gagne pas à tout coup, mais à tout coup on admire la bille, la jolie bille, avec ses enluminures hardies qui toutes représentent le plaisir et l'amour.

*
* *

L'auteur de *la Conquête de Jérusalem*, de *Tunis la Blanche*, de *la Divine Chanson*, est une des figures les plus originales de cette Chaîne des dames, qui forme ronde vive et gracieuse à l'entour des Muses.

Le temps n'est plus où les femmes de lettres, en souvenir de George Sand costumée en bousingot, croyaient devoir se singulariser dans leurs atours. En ce temps-là, on voyait au Montparnasse une poétesse promener la perruque et le costume de la Marguerite de *Faust*; et, sur le coteau de Passy, la plus savante et la plus raisonnable des exploratrices arborer haut de forme, jaquette et pantalon ! Une vieille romancière des familles, hanarchée au Temple, manifestait une telle joie de son prodigieux accoutrement que Jean Lorrain l'avait saluée irrespectueusement : « Mme Q. Quirit ! »

De ce qui est démodé, Mme Myriam Harry s'est fait une mode bien à elle, en choisissant un costume dans le vestiaire abandonné du bon Perrault et de Mme d'Aulnoy. Le costume qu'elle a préféré n'est autre que celui de Peau d'Ane, sans doute parce que La Fontaine a dit : « Si *Peau d'Ane* m'était conté... », et parce que Mme Myriam Harry excelle à raconter.

Mais, ce costume difficile à porter, sachez qu'elle le mit au point avec art, que la rude peau se mua en un fourreau de velours gris, que le bonnet s'enveloppa de longs voiles soyeux, qui retombent jusqu'aux pieds, et qu'en place de ces affreuses oreilles, de ces oreilles qui sont l'affront des écolières, il n'y a plus que deux petites mandarines qui se balancent sur les cheveux blonds, blonds comme les cheveux de la reine !

Avec ce costume-là, on peut se présenter dans le monde, on est sûr d'y être remarquée. En effet, lorsque Myriam Harry, svelte, agile et souple, entre dans un salon, de son pas glissant, la tête en avant, les yeux fureteurs, saluant d'une voix aiguë et chantante, d'une parole martelée, tous les regards se fixent sur elle. On se tait, on l'observe, on la suit, on murmure, on l'écoute, et cinq minutes après cette entrée sensationnelle il n'y a plus que des oreilles qui se tendent pour ne rien perdre de ce que va dire la *conteuse orientale*, la conteuse qui peut parler des heures, et des heures sans tarir son inspiration, sans lasser personne, tant elle met de fantaisie dans ses récits et de liberté dans son langage, et parce que ses récits, ses contes et ses romans coulent de la même source, celle où se baigne impudique l'enfant Amour, jouant avec les Satyres et les Faunes !

Mieux que quiconque Myriam Harry connaît le pouvoir magique des mots, qui font apparaître les contrées les plus mystérieuses et les êtres les plus étonnants. Son Orient ne ressemble ni à celui de Loti, ni à celui d'Armen Ohanian; son Afrique n'est pas celle de Louis Bertrand ni d'Élisa Rhaïs : ce sont des pays qu'elle voit, et qu'elle juge à travers l'amour et la volupté. Son œil si sensible caresse avec la même sensualité les êtres et les paysages; tout brûle et tout soupire, tout geint et tout crie dans cette humanité juive, protestante et musulmane, qui ramène, dit-elle, les buts de la vie aux choses de l'amour !

Embrasés par ces récits voluptueux, les uns s'écrient : « Où ça, que j'y coure ! » Les autres, plus sages, tel ce charmant et spirituel Jules Lemaître, bercent leurs derniers songes de ces visions voluptueuses et de ces amusantes satires qui tantôt sont des souvenirs cueillis par la romancière, tantôt des fictions ingénieuses et troublantes, inventées par cette subtile Orientale, sœur malicieuse et savante en tous arts du jeune Télémaque !

— Hé oui, une sœur de Télémaque qui aurait semé en route le vieux Mentor, car ce n'est point Siona qui aurait accepté ce vieux barbon pour compagnon de route ! Elle est d'un temps où les femmes voyagent seules et préfèrent la témérité et la folie à la circonspection.

Comme le fils d'Ulysse, *Siona* erre à travers le monde, non pas à la recherche du roi d'Ithaque, égaré sur les mers, mais à la recherche d'une autre patrie, puisqu'elle a perdu le royaume de Jérusalem !

Elle erre au gré des événements, du malheur et de l'espérance, et ses aventures, qui commencent au sein de sa nourrice bédouine, se continuent devant les temples où règne la Discorde, dans la maison de l'archéologue où est entré le Drame, sur le bateau où s'embarque la Misère, sur cette terre d'exil, qui est pourtant la terre maternelle d'où sortit la Diaconesse allemande, qui enfanta *la petite fille de Jérusalem.* Voici venir une ombre que son désir prend pour l'Amour... le fiancé disparaît... l'amour n'était qu'un songe, et la jeune fille dirige ses pas vers le château singulier, où le chevalier Sacher Masoch recherche des voluptés plus irritantes que les plaisirs que Calypso prodiguait à Télémaque.

Tel est l'attrait de ces aventures qu'on ne peut plus quitter *Siona* dans ses voyages ; on accomplit avec elle le périple du navigateur. Lorsqu'elle s'arrête en France et s'écrie :

— Enfin, j'ai trouvé ma patrie ! C'est ici que je veux vivre, écrire et mourir !... on se dit, à part soi, en pensant aux Mémoires qui paraîtront un jour :

— Mince ! que va-t-elle nous conter sur Paris et sur nous-mêmes, cette lointaine fille d'Ulysse, qui reçut en partage le franc-parler du héros d'Homère.

Fi ! ce que Siona nous a conté sur Paris, sur les Français, sur nos écrivains et nos artistes nous a déçus. Ses yeux qui savent voir si admirablement les pays du soleil, ne savent plus noter, comme il le faudrait les nuances, les finesses, le chatoiement des gris de France. Les aventures de *Siona à Paris* m'ont paru déplaisantes ; je n'ai retrouvé que l'obsession des confidences amoureuses. Il y a dans ce livre, qui est le moins bon de tous, comme une hantise de Colette, mais l'audace de Colette donne à ses portaits une toute autre portée ; chez Colette, c'est le tableau de mœurs ; chez Myriam Harry, c'est un souvenir des « Bijoux indiscrets ».

La voici revenue aux lieux mêmes d'où elle était partie, à Jérusalem. Elle est rentrée en Palestine, avec le cortège des soldats français, aux côtés du général Gouraud. Elle a retrouvé les Lieux-Saints bouleversés par la guerre, la révolution, les massacres, la réorganisation des États, l'arrivée des Juifs à Sion et la révolte de l'émir Fayçal. Elle emplit encore les colonnes du *Temps* de ses impressions sur la Syrie; mais si le palmier du *Cantique des cantiques* n'a rien perdu de sa vigueur, il a perdu ce frémissement voluptueux qui faisait sa grâce et sa force.

Pour qu'elle soit elle-même, il faut que Myriam Harry soit sans contrainte ! Ses articles de propagande, dans l'*Illustration* et dans le *Temps*, ne sont d'aucun intérêt pour son talent si personnel, si sensible et si insinuant. Qu'elle reprenne donc sa liberté, qu'elle écrive au gré de son inspiration instinctive qui ne connaît ni règle ni contrainte; qu'elle se moque des censeurs qui épient le vol de ses images pour les saisir cruellement. Myriam Harry est au-dessus de ces critiques qui visent l'étrangère, fille d'Israël et du Germain. L'artiste qui a su manier notre langue avec un instinct si sûr, et un sens si net de la propriété des mots, est bien un écrivain de chez nous.

Du haut des tours de Jérusalem, où je la vois se pencher sur la plaine et regarder qui avance du côté de Sion — Emir ou soldat — du haut de ces tours, où la brise du Liban gonfle ses voiles gris et caresse comme un doux emblème les deux petites mandarines qui sont sa parure d'épousée, Myriam Harry paraît être le fantôme de la sensualité de l'Orient dressé sur les ruines, non pour gémir, comme Esther, ni pour venger, comme Judith, mais pour moduler le nouveau cantique des Amants, qui s'élèvera de la ville sainte et, par sa bouche, fera frémir les reins et les cœurs !

LOUISE HERVIEU

LOUISE HERVIEU

Quel est, à votre avis, l'oiseau qu'il faudrait prendre pour le blason de Louise Hervieu?

Est-ce le corbeau qui plane sur les charniers, parle à l'oreille de Baudelaire et d'Edgar Poë, ces maîtres de l'artiste?

Est-ce le cygne noir, percé d'une flèche, qui promène sa blessure empoisonnée sur un lac triste et pourissant?

De l'oiseau prophétique, Hervieu n'a point la cruauté, même quand elle s'attaque à la charogne du poète, mais de l'oiseau en manteau de deuil, elle a la force, la grâce, la langueur et la mélancolie. Sa fantaisie d'artiste erre parmi les Lédas amoureuses qui lui livrent, sans pudeur, le mystère de leurs désirs charnels, de leurs luxurieuses folies. Son œil attentif garde impitoyable le souvenir de ces beautés que fatiguent l'amour et la débauche. Mais cet œil, épris de vérité, n'est pas le prisonnier de ces images du vice et du péché, il se repaît au sortir de cette vie secrète, de l'innocence de l'enfant, de la naïveté de ses jeux, du charme de son intimité. Louise Hervieu est par le cœur une mère spirituelle, qui couvre de sa tendresse des enfants imaginaires, et c'est par son tempérament d'artiste la visionnaire des gouges qui peuplent l'œuvre de Baudelaire.

Si le poète avait connu celle qui décora les *Fleurs du mal* de si magnifiques illustrations, il l'aurait nommée : « *Mon enfant, ma sœur* », car la femme qui a répondu à l'*Invitation au voyage* que Baudelaire lui envoyait *post mor-*

tem, c'est bien Louise Hervieu, et désormais leurs noms seront inséparables.

Cette jeune femme qui débuta un peu avant la guerre n'était connue que d'un cénacle d'artistes très enthousiastes de son talent. Elle se révéla, et d'un seul coup atteignit la célébrité, lorsqu'elle exposa chez Bernheim les dessins qu'elle avait faits pour décorer les *Fleurs du mal*.

Que connaissait-on d'elle auparavant?

Un *Missel* consacré à la Vierge, un missel fleuri comme son âme de douceur, de résignation, de foi et d'amour mystique, car c'est une âme brûlante d'amour que la sienne, et la première effusion était une effusion religieuse, qui fut suivie bientôt d'une effusion de tendresse sage et douce dont l'enfant était l'objet. Le beau *Livre de Geneviève*, écrit et décoré par l'artiste, enseigne à une fillette l'art de voir et de connaître ingénuement les merveilles du monde qui l'entoure.

Mais la force d'Hervieu, bridée dans ces deux livres de foi et d'enseignement, se déchaîna dans le livre du péché, qui excita la curiosité, l'admiration et les critiques les plus violentes !

Le jour où s'ouvrit l'exposition des dessins qui illustraient une édition nouvelle des *Fleurs du mal*, ce fut un cri :

— C'est une fille de Rops !

— C'est l'enfer bourgeois !

— C'est tout Baudelaire.

Les uns tournaient la tête, offusqués ! Les autres clignaient les paupières, fort mal à l'aise au milieu de ces nus qui s'offraient à eux avec une vérité choquante. Et ceux qui ont le respect de la moralité allèrent jusqu'à demander qu'on retirât de la vitrine l'image luxurieuse qui faisait « tiquer » le passant !

— Je ne suis pas immorale, protestait Hervieu avec douceur, je suis immodeste ! Je suis née comme ça !

Ce n'est pas la provocation, ni le

sacrilège, ni le blasphème de l'amour qu'il faut chercher dans ces images qui dégagent une telle luxure, mais la vie dans sa cruelle vérité.

Les femmes nues que dessine Hervieu ne sont pas chastes comme les beautés parfaites.

Elles sont imparfaites; elles se dévoilent et offrent avec la plus naturelle impudeur des seins gonflés de désir, des ventres qui ont connu la houle du plaisir, des hanches en berceau, des cuisses lourdes et frémissantes.

Ce sont là les figures innombrables du péché de la chair qui hantaient les songes du poète catholique. Pour troubler le pécheur, ces fantômes luxurieux envoyés par l'enfer n'ont besoin ni de bas ni de jarretières, elles ont un voile qui flotte derrière elles comme un manteau royal, comme le nuage qui entoure l'épousée, ou bien leur corps, sortant de la nuit, reçoit un attrait et une beauté du décor qui l'entoure. La chambre d'amour se pare d'une armoire merveilleuse sortie des mains d'un artisan de la Renaissance; le lit à colonnes fut un lit de roi, et sur la cheminée devant laquelle se dresse la Tentatrice, la Pécheresse, la Démone, — comme vous voudrez — voici le buste de marbre d'un Dieu, la garniture de bronze où flamboyent les lumières, le balcon de fer forgé où Elles viennent respirer la fraîcheur d'un beau soir.

Ce décor bourgeois, que l'on reproche à Louise Hervieu comme une faute de goût, ne crée-t-il pas autour de ses Démones l'atmosphère des poèmes de Baudelaire. C'est la chambre d'amour qu'illuminent ces corps brûlants des Tentatrices.

Debout orgueilleusement; couchées; nouées aux colonnes du lit; accrochées au cou de l'homme qu'elles jugulent, elles sont d'une vérité si terribles dans leurs désirs charnels ou leur épuisement, que l'on se demande par quel secret une femme a pu épouser à ce point l'esprit baudelairien, que tout son œuvre en ait reçu une nouvelle vie.

***

Cette vision poignante et sensuelle, c'est Félix Fénéon qui l'a provoquée en révélant à Louise Hervieu ce grand livre du péché de la délectation morose. C'est lui qui lui demanda d'orner l'œuvre de Baudelaire : les *Fleurs du mal*, d'abord, le *Spleen de Paris*, ensuite, de dessins suggérés par le texte. L'artiste résistait, soit ignorance, soit timidité. Il insista. Elle n'osait signer son traité.

— J'ai la terreur d'une signature, je suis, dit-elle, comme la paysanne de mon pays (Hervieu est Normande) qui croit qu'elle signe sa condamnation.

Fénéon insista. Il connaissait mieux qu'elle ce génie qui allait se révéler soudain. Il lui lut les poèmes. Elle écoutait étonnée, et quand le critique se tut, Hervieu lui dit doucement :

— C'est tout moi !

Elle avait reconnu dans cette âme romantique sa propre âme inquiète et souffrante, sa torture devant les mesquineries de la vie bourgeoise qui était la sienne, la haine des âmes basses et laides. Elle avait reconnu à travers les mea-culpa du poète, à travers ses larmes et ses imprécations, sa propre religion. Comme lui, elle souffrait d'avoir été élevée dans la religion du péché, comme lui, elle avait le désir de la contrition qui apparaît au fond des poèmes Baudelairiens.

Ayant compris cette âme sensuelle et triste, qui gardait de chaque chute tant de douleur et d'amertume, Hervieu se mit à l'œuvre et, séduite par le sens plastique du poète, commença ses grandes planches, sans autre guide que son instinct.

Son but était de donner avant tout la sensation de l'objet, c'est pourquoi ses critiques, les Vauxcelles, les André Fontainas, disent avec justesse, *qu'elle sculpte ses croquis à coups de fusain*. De là ce relief étonnant des corps et des objets qui donnent à ses illustrations une telle sensualité.

Jadis, au cours, ses maîtres, — (qui furent la Directrice de la rue-Madame, une tête à la Clemenceau, puis Baschet et Simon), — demandaient à cette curieuse et capricieuse élève.

— Louise, comment avez-vous fait ça?

— Je ne sais pas!

— Voilà qui est bien ennuyeux. Si au moins vous le saviez, nous serions rassurés sur l'avenir!

Rassurés? Ne le sont-ils pas à présent qu'Hervieu est célèbre, qu'on parle de son génie, de son inspiration virile, maintenant que les portes de l'Enfer se sont ouvertes devant elle pour lui livrer des monstres à corps de femmes, que nulle artiste de son sexe ne peignit avant elle.

Hervieu les a peintes telles qu'elle les vit, sans truc de métier, ni recette, ni principe philosophique ou esthétique. Elle a obéi à l'instinct tout puissant, l'instinct qui n'a d'autre maître que l'amour !

C'est cet amour de son art qui fait qu'Hervieu a créé sans le savoir un monde enchanté où tout vit, la fleur, le coquillage, le miroir, la poupée. Le centre de ce petit monde merveilleux c'est l'enfant qui voit vivre et souffrir ses jouets.

Est-il contraste plus singulier que cet amour ineffable et si chaste de l'enfance et l'amour impur qui a peuplé la solitude de l'homme des fantômes avides de sa chair et de son sang.

Louise parle, elle me raconte sa vie qui est un chapitre des histoires d'Henry Monnier ; ses désespoirs et ses révoltes qui m'expliquent pourquoi ses premiers dessins ont la douleur et la férocité vengeresse des Daumier.

Elle est accoudée sur les coussins d'un divan. Son chapeau jeté n'importe où et son manteau avec, près de l'*Album des Vingt nus* qui vient de paraître. Son visage grand et doux, comme son âme, est creusé par une longue souffrance, son corps amaigri s'étire en gestes pleins de grâce et de noblesse; ses tresses noires font un diadème à son front pâle; dans ses yeux la douleur habite encore, mais sa bouche animale sa bouche aux belles dents laisse jaillir la parole vive et rieuse.

De toutes les femmes dont j'ai parlé ici même c'est la plus faible. Le voyage de la vie lui fut cruel, mais de toutes, c'est la plus curieuse, car elle osa dire tout ce qu'elle vit sur sa route.

La voici qui fait halte, son œuvre baudelairienne est finie; elle attend, réfugiée dans un jardin où elle respire avec délices l'odeur des roses et de la glycine, comme le *Bon Jardinier* dont elle a dit les innocents plaisirs. Pleine de sagesse elle murmure doucement sa petite prière aux choses bonnes et éternelles. Or tandis qu'elle songeait, passa près d'elle un beau monsieur en habit vert, qui fut bien étonné d'ouïr langage si pur. Prenant une couronne qui n'était point de lauriers, mais de roses, il la posa doucement sur son front torturé !...

C'est ainsi qu'en l'an de grâce 1923, Louise Hervieu, coupable d'exciter la luxure dans le cœur des hommes par son œuvre, reçut de l'Académie française, en récompense de cette jolie prière dans un jardin, le prix Fabien, qui est, comme chacun sait, le plus recherché des prix de vertu !

GÉRARD D'HOUVILLE

GÉRARD D'HOUVILLE

A Grenade, dans les jardins merveilleux du Généralife, il y a un buisson de myrte qui est un buisson enchanté. Chaque nuit, lorsqu'il fait de la lune, ses branches s'écartent, une jeune sultane s'en échappe qui court au bord des fontaines, dans les bosquets de lauriers-roses, au pied des noirs cyprès, surprendre les jeux ou le sommeil des amants. A l'aurore elle s'en revient, les branches de l'odorant buisson se referment sur la belle, qui rêve à sa poétique ronde de nuit.

Ollé! Cette jolie sultane du clair de

lune a quitté le pays andalou. Je l'ai vue, ce qui s'appelle vue, à quatre pas d'ici, en son reposoir du Trocadéro, où elle écrit des romans. Son beau corps, voilé de soie blanche, était mollement étendu sur un divan couvert d'un châle à fleurs, qui est l'image des jardins d'Espagne. Son bras nu, accoudé aux coussins, soutenait sa tête pensive; ses cheveux noirs de fille du soleil ombrageaient un visage pâle, fin et doux. Ses grands yeux souriaient aux fleurs qui formaient un bocage à l'entour de sa couche, ou bien se dérobaient par coquetterie derrière l'éventail de la Chine que sa main balançait nonchalamment. Il y avait auprès d'elle des poètes, des écrivains, des artistes, et l'entendant conter ses rêves avec tant d'esprit et de grâce, je connus que la jolie sultane de Grenade n'était autre que Mme Henri de Régnier, que ses romans ont rendue célèbre sous le pseudonyme de *Gérard d'Houville*.

— Madame, qu'écrivez-vous ce printemps?

Elle tourna vers moi son bel œil et, respirant une rose :

— Moi !... Je n'écris rien... J'attends.. Je suis paresseuse... Je songe à quelque nouveau livre... D'ailleurs, je viens de terminer le roman des *Annales*, vous savez bien, ce roman des Quatre, dont l'idée est d'Aldolphe Brisson:

— Une réplique à *la Croix de Berny?*

— Vous l'avez dit. Je ne sais si Mme de Girardin s'est follement amusée à faire sa partie dans *la Croix de Berny*; moi, j'ai trouvé bien dur d'écrire à l'heure et au commandement : — Voici la lettre de Bourget. — Vite une réponse pour Henri Duvernois ! — Et la copie de Pierre Benoit qui n'arrive pas !... On s'applique, on se dépêche, ce n'est plus un plaisir d'écrire, c'est un devoir... Si le lecteur allait trouver notre roman ennuyeux?

— Tant pis pour lui !

Gérard d'Houville se mit à rire.

— Non, tant pis pour moi qui ne peux écrire que ce qui me plaît et quand il me plaît, tantôt des vers, tantôt de la prose, un proverbe par ci, une critique par là...

— Bon, pensai-je, « *As you like it* » doit être son seul commandement!

Gérard d'Houville, qui est d'origine créole, est née sous une étoile qui ne brille que dans le ciel des poètes, cette étoile c'est la *Fantaisie*. Les êtres qui subissent son influence ne sauraient ressembler aux autres; ils s'amusent d'un rien, pleurent sur des malheurs imaginaires et s'émerveillent de ce qui laisse les autres profondément indifférents, un caprice les métamorphose; c'est bien pour ça que la plus française et la plus moderne de nos romancières peut, en obéissant à sa fantaisie, prendre toutes les figures qu'il lui plaît.

Vous saurez donc que Gérard d'Houville était une des trois petites filles du poète José-Maria de Hérédia, qu'elle commença d'écrire vers la septième année et ne tarda point à réciter à son père de petits vers de sa composition. Mais celui-ci ayant feint de croire que ces vers avaient été cueillis par l'enfant dans quelque recueil, la petite poétesse, mortifiée, voulut quitter la Muse pour toujours; la Muse garda son nourrisson et lui ouvrit, à quinze ans, la *Revue des Deux Mondes,* qui publia ses vers, discrètement signés de trois étoiles.

Lorsque parut *l'Inconstante*; dans la *Revue de Paris,* — avec quel succès — José-Maria de Hérédia découvrit avec surprise que Gérard d'Houville n'était autre que sa fille, devenue, par son mariage avec le poète de *la Sandale ailée,* Mme Henri de Régnier. Il lui écrivit :

« Marie tu es un monstre, mais un monstre charmant ! »

Les romans de Gérard d'Houville sont des romans de poète qu'une seule chose intéresse dans la vie : l'amour.

Prenez *l'Inconstante, Esclave, le Temps d'aimer, le Séducteur, Jeune fille, Tant pis pour toi* et vous y trouverez les plus fraîches, les plus délicates, les plus nuancées, les plus subtiles, les plus ingénues, les plus vivantes, les plus libres peintures de l'amour.

L'auteur, dans ses romans, a pris toutes les libertés, mais il les a prises avec un goût exquis. Ni la morale, ni la religion, ni le respect des usages ou celui des préjugés ne lui tiennent lieu d'entraves, parce que l'Amour est la force qui mène le monde, et que la règle de conduite c'est surtout dans la sensibilité que ses héros la cherchent.

Gérard d'Houville a choisi dans son milieu, qui est raffiné, élégant et cultivé, les personnages dont elle se plaît à raconter l'histoire. Elle ne suit pas, comme d'autres écrivains, la route nationale, — il y a trop de monde, et d'espèces trop diverses — elle cherche les chemins secrets, les sentiers non battus, où l'on rencontre de jolies choses et qui sentent bon la mousse, la haie et le ruisseau. Elle se défend d'être une réaliste et recherche bien plutôt la vérité poétique des êtres et des lieux qu'elle décrit. Gérard d'Houville ne veut pas un décor banal qui altère la beauté du plaisir ou la beauté des larmes. Ce n'est pas elle qui dirait, par la bouche de Silvina, de Marinette ou de Juliette : « Une chaumière et ton cœur », mais bien plutôt :

— Ton cœur et l'univers !

Dût cet univers se refléter dans une goutte d'eau, car la nature se mêle étroitement à la vie romanesque de ses personnages charmants et hardis ; tantôt c'est un coin de Paris si joliment « brossé » qu'il vous semble n'avoir jamais vu ce tableau familier ; c'est le Bois grand matin, c'est la Seine au crépuscule, c'est la mer de Bretagne en automne, ou bien l'ardent été de Cuba, tout enivré de fleurs et de parfums. L'univers... au besoin c'est de la féerie, c'est la forêt de Merlin l'enchanteur qui s'ouvre devant une jeune amoureuse dépitée.

Cette façon de mêler la féerie à la vie moderne est bien d'un poète qui veut donner à ses récits un sens symbolique, discret et profond. La pensée épicurienne qui domine l'œuvre romanesque de Gérard d'Houville apparaît sous mille formes délicates, tendres et douloureuses. Si elle prêche, comme Ronsard, « *Jouissez de votre jeunesse, aimez, cueillez la fleur en son bouton, n'attendez à demain.* », le charmant esprit ne cache pas que la rançon de l'amour est le sacrifice du bonheur. Il n'y a ni cris, ni imprécations, ni plaintes déclamatoires, ni catastrophe sanglante dans ses romans, mais il y a des larmes vives et une souffrance profonde. Le destin de ses héros se balance entre la volupté et la douleur.

Par cette fantaisie, qui ramène Gérard d'Houville aux romans de chevalerie, et par sa façon de mêler l'exotisme à ses récits, l'auteur me rappelle le goût du XVIIIe siècle pour nos vieux romans, que venait de traduire le comte de Tressan, et ce goût de Voltaire, dans ses *Contes* et dans *l'Orphelin de la Chine*, pour évoquer des pays merveilleux où il n'était jamais allé.

Gérard d'Houville n'est jamais allée à Cuba, et elle en a tracé un tableau enchanteur, grâce aux souvenirs que ses grand'mères avaient laissés dans son imagination enfantine.

D'ailleurs, son œil est celui d'un peintre, et d'un peintre du XVIIIe siècle. Il y a du Debucourt dans Gérard d'Houville. Certaines pages, qui évoquent avec tant de pittoresque une fête créole, sont de véritables estampes. D'un trait, elle campe ses personnages et, par le choix d'un détail précis, leur donne une attitude, un geste, un caractère inoubliables. Il y a certaines visions de l'intimité amoureuse qui sont aussi frémissantes qu'un dessin de Fragonard. C'est parce que Gérard d'Houville porte à la perfection cet esprit léger et épicurien du XVIIIe siècle qu'elle se rattache si étroitement à la tradition de la grâce française. Alfred de Musset — celui des *Contes et Proverbes* — lui tend la main pour la conduire jusqu'au délicieux Parny, jusqu'aux mémorialistes de la Régence.

Certes oui, elle a l'esprit, la gaieté, l'audace et la franchise des écrivains de ce temps-là ; seulement le tour a plus de nerf et de brièveté chez les hommes ; chez elle, il y a plus d'abandon.

— Dites-lui de couper ses récits, qui sont un peu longuets, me crie une amie qui va toujours, dans ses lectures, au plus pressé, c'est-à-dire à la fin...

— Y pensez-vous ! Un roman de Gérard d'Houville est un mélodieux soupir qui fait écho ; il expire... je l'écoutais encore !

— Ce qui veut dire que « ses nonchalances sont ses plus grands artifices », comme dit l'autre.

— Assurément ! Le poète qui a écrit ce vers, trois cents ans avant la naissance de Gérard d'Houville, aurait pu l'appliquer à son ancêtre poétique, à cette gracieuse Marie de France dont le *Lai du chèvrefeuille* embaume le printemps de la poésie française. La rose que Marie de Régnier tient en sa main embaume toute la littérature féminine de son temps. Est-on jamais las de respirer une rose?...

Tout vient à point à qui sait attendre. Le charmant génie de Gérard d'Houville prendra place un jour parmi les Immortels ; son mari, Henri de Régnier, l'y accueillera, et l'ombre de son père viendra la recevoir.

Ce jour-là, on verra aborder au Quai Conti une nef pavoisée. Il en descendra une dame suivie en cortège magnifique d'écrivains, de poètes et d'artistes. Deux pages porteront la queue de sa longue robe verte, couleur de la forêt, brodée de roses et de lauriers d'argent. L'un de ces petits pages sera nu, comme il sied à l'Enfant-Amour, mais son carquois sera plein de flèches et il y aura écrit à l'entour cette devise, la plus belle des Humains : « *J'ayme à jamais* ». L'autre page sera un négrillon empanaché de plumes d'autruche et vêtu d'un galant habit de velours et de brocatelle, — comme il figure dans le portrait de Mme de Montespan ; sa main d'ébène agitera une banderole d'azur, afin que chacun puisse lire au passage la devise de Marie, qui est la triomphante devise de Gérard : « *Je charme tout* ».

JEANNE LANDRE

JEANNE LANDRE

Le cortège roulait comme un torrent de la place Blanche vers les boulevards, et tout Montmartre endormi rententissait d'un seul cri poussé par mille bouches prêtes à baiser et à mordre : « *Echalote! Echalote! Echalote!...* »

Mlle Échalote elle-même, débraillée comme une rombière, jambes de-ci, jambes de-là, se laissait emporter vers Paris, à cheval sur les épaules du Petit Vieux bien rigolo. Ses amants, ses amis étaient tous là, les Embêtés du dimanche, les clients du Cocarasse et du Moulin de la Galette, les habitués du Lapin Agile, qui pinçaient la guitare du père Frédéric, et, perdus dans le remous des mâles, les éphèbes de l'Adoni's bar et les moukères du Frelon. Ils avançaient en rangs pressés, cossus comme des bourgeois et le chapeau sur l'oreille, la canne au bras; quelques-uns portaient la chemise molle des noctambules égarés sur l'extrême pointe de la Butte, mais la plupart portaient casquettes et sandales et, sans laisser choir le mégot collé au coin de la lèvre, répétaient avec *Echalote,* souveraine de Montmartre, poule qui affolait tous ces coqs par sa jeunesse, son piment, son rire et son museau de petite vicieuse :

Tout ça n'vaut pas l'amour,
La belle amour
La vraie amour
L'amour d'une bergère
Qu'a su l'étagère
Deux pomm's fait's au tour.

Vivante cellule de Montmartre, la dame d'amour entraînait derrière elle à la conquête des boulevards cette bohème de la Butte, dont une femme, une seule, a sondé le cœur et les reins. En avant, sur sa bicyclette, tel un jeune puceau courant vers sa destinée de porte-bonheur, *Bob,* le chasseur du Royal, le polo de travers, la jugulaire serrée sous sa jolie petite gueugueule, la veste aux cent boutons ouverte sur sa chair en fleur, entraînait *Bobette,* sa frangine, qui, le panier de blanchisseuse au bras, s'en allait offrir aux poules de luxe les fraîches liquettes savonnées à Montmartre. Autour des deux *Enfants perdus,* galopaient tous les loupiots, mômes et lardons sortis de l'impasse de Guelma et de la rue Lepic, suivis des Margot, des Titine et autres raccrocheuses du boulevard de Clichy, qu'escortaient en rangs pressés les clients de la Kasbah, du Colimaçon, de l'Abbaye. Puis venait dans cette foule étrange Juliette, l'ingénue de province, l'élève de *Mme Poche,* costumée par sa mère

8

en cantinière de cavalerie légère, grâce au vieux dolman du capitaine Choudasse, qui escortait sa nièce en compagnie de Napoléon, la fidèle ordonnance, manches retroussées et les bras couverts encore d'écume de savon. A côté de ces braves gens, venait la petite curieuse et son amant, Geneviève, accrochée à Marcel allant *où va l'Amour*... jusqu'au fond des fourrés nocturnes, où nymphes et satyres des fortifs s'abattent sous les regards excités des passants. Puis venait Ludo, le *Débardeur lettré*, avec son harem de petites femmes, affolées de sensations nouvelles, et les filleuls et leurs *Marraines* qui brûlaient d'envie de renouveler leurs embrassements, et puis l'obscur philosophe de *Loin des balles*, goûtant, moyennant bon prix, l'illusion d'être jeune et fort, et les *Aviateurs*, ces don Juans de la guerre, et, derrière ce peuple en rut, dévalant de tous les établissements de Montmartre, les peintres de la Butte, riant, chantant, hurlant, faisant mine de faire la barbe à tous les passants! Fermant ce cortège, qui emplissait l'avenue et fendait l'air nocturne comme un troupeau de fantômes, un être inouï, un monstre, le galurin sur le nez, le corsage crevant sous la poussée des tétons, la gueule pleine de sanglots, courant, trébuchant et à genoux sur les pavés, la face en larmes, les mains tendues vers l'homme si beau qui fuyait emportant sa misérable bourse, la *Gargouille*, la terrifiante et magnifique *Gargouille*, bramait.

Au tournant de la rue Blanche, ce fantastique cortège s'évanouit. Il ne restait sur la place, qu'éclairaient les lumineuses enseignes, qu'une femme maigre et sèche, serrée dans un mantelet démodé, une fleur de giroflée se balançait au sommet de son antique capote.

— Savez-vous, mesdames, dit-elle, apostrophant deux personnes qui traversaient la place, ce que vous venez de voir?... C'est le *Triomphe de Jeanne Landre*. Ah! Je suis bien renseignée, car moi qui vous parle, je suis *Mme Poche*, vous savez bien, l'éducatrice dont Jeanne Landre a fait le portrait. Elle est l'auteur de mes jours, puisque je suis sortie de pied en cap de son cerveau; mais vu mon âge, je puis vous parler d'elle comme si elle était ma propre fille.

« N'est-ce pas, mesdames, tout ce que vous venez de voir en plein Paris, avant le petit jour, c'est un rêve, mais quel rêve surprenant et glorieux. Ma fille a donné la vie à toute cette bohème que le monde entier nous envie; la terre entière connaît *Echalote* et ses folles aventures. Qui l'eût dit, qui l'eût cru, qu'un jour viendrait où cette petite, qui fut élevée à la Légion d'honneur, oui, mesdames, et porta le ruban nacarat-liseré, n'aurait de goût qu'à peindre les gens de Montmartre, et le ferait avec tant de talent. Quand elle était jeune fille, elle se mettait à la fenêtre pour mieux voir la vie du quartier, elle flânait devant les petites voitures pour entendre parler les commères, elle ne décollait pas de chez la crémière, de chez la charcutière, quand les galopins venaient acheter le quart de brie ou de saucisson. Déjà, elle se mettait des idées en tête, elle répétait leurs mots, elle faisait leurs grimaces, elle voulait savoir l'histoire de leurs mères. Et quelles mères ! Ah ! mesdames, est-ce bien la peine de donner une éducation modèle à sa jeune fille, la voir toucher du piano, prendre ses brevets, tenir son ménage pour se fourrer dans la caboche de ne peindre que le vice qui court les rues et les bars... Elle les trouvait drôles, qu'elle me disait, ces gens qui sont passés là ; pour les bourgeois, assurément, elle s'asseyait dessus. Mais regarder de tous ses yeux dans l'aquarium pour voir ceux qui barbotent, rien que d'y penser, ça me tourne les sangs. J'avais beau lui faire la morale et lui dire : « Ma fille, si tu veux coucher par écrit des histoires, raconte la vie de ton père, de ta mère, voilà un bel exemple. Sois le peintre de la société bien pensante, qui est la matrice sacrée et féconde du peuple français. Montre nos vertus ! » Va te faire fiche ! Elle courait derrière les monstres comme cette pauvre mère France, et elle s'est dessalée à voir et à entendre ces misérables femelles, honte de notre quartier, qui lui plaisaient autant que les meilleures créatures du bon Dieu. Notre Jeanne a fait un peu d'enseignement, un peu de théâtre aussi, jusqu'au Canada; puis elle a tout balancé, elle voulait vivre avec les artistes, parce que s'ils sont quelquefois bien tristes, ils sont souvent rigolos. Alors, elle s'est mise à écrire; ce qu'elle faisait n'était pas parfumé à l'eau de rose, nom d'un nom ! y avait de la poudre, du salpêtre, du vitriol, et ça mordait, ça mordait. Les gens riaient qui lisaient ses petits papiers de la *Fronde*, et puis du *Journal*, où parut *Echalote*... Son premier livre, *Echalote?* Non pas. Elle a bien mis dix ans avant que le public retienne son nom : *Jeanne Landre ;* dix années qu'elle a su ce que c'était que la vache enragée, et la poisse, et la cerise, et puis, elle a sorti la *Gargouille*.

« Dans l'échelle des valeurs, moi, Mme Poche, qui sais la différence entre le bon et le mieux, je puis bien déclarer tout haut, et je ne crains personne pour me dire que je me trompe, la *Gargouille* c'est le chef-d'œuvre de Jeanne Landre. J'ai pleuré en lisant cette histoire-là, moi qui n'ai pas la larme facile, et qui ne fréquente pas chez les miséreux. Eh bien, quand je touche ce livre-là, le roi n'est pas mon cousin. Bien sûr *Echalote* est plus plaisante, *Bob et Bobette* plus rigolo, à preuve que des romanciers comme MM. Marc-Orlan, Salmon, Carco, ont écrit des autres histoires avec cette vilaine graine de bois de lit; *Puis il mourut* est triste à fendre l'âme, ah ! qu'elle a dû avoir du chagrin la petite en écrivant ce livre-là, mais elle n'a pas fait ses confidences à M'ame Poche, car vous savez, mesdames, faut pas croire qu'elle écrit comme beaucoup de femmes seulement les histoires qui lui sont arrivées. Ah ! mais non, elle regarde n'est-ce pas, et puis elle pense, et puis elle écrit. M'sieur Balzac faisait kif-kif. Et puis ces livres-là c'est souvent de la satire, à preuve *Où va l'amour*, un livre que moi qui suis vieille et qui ai vu bien des choses dans ma vie, je ne puis le lire qu'en rougissant. Dire qu'il se passe dans Montmartre des histoires comme celle-là, c'est à désespérer de la vertu.

« Mais je vous garderais là jusqu'au matin à vous raconter tout ce qu'elle a publié depuis plus de vingt ans, dans les journaux où l'on aime sa fantaisie, son réalisme (comme ils disent) et qui n'est que sa vision d'écrivain. Pour moi, je reste stupide à la pensée que j'ai couvé un œuf pareil, et je me demande à quoi le Seigneur pensait quand il m'a donné à moi la vraie, l'honnête, la pudique bourgeoise française une fille qui met tout son esprit à créer de la racaille, des apaches, des merlans et des filles. Le vice, le vice, mais y a autre chose sur la terre. Tenez, il n'y a qu'une personne que j'aimerais rencontrer, c'est sa Raymonde Brives, l'amie de la Gargouille, une brave femme, celle-là, et volontiers je lui serrerais la main !

— Topez-là, Mme Poche, fit l'une des deux passantes que la Parfaite Éducatrice avait apostrophées sur la place. C'est moi Raymonde Brives, enchantée de vous rencontrer et de saluer en vous la mère spirituelle de Jeanne Landre. Consolez-vous de ne pas voir en elle une future académicienne. Elle vivra toujours en marge de la littérature officielle. Elle aime la pègre à cause de sa sincérité, de sa fantaisie, de sa drôlerie, de son esprit, de sa misère, de sa résignation, de sa force, et de sa colère. En cela elle est dans la tradition des poètes et des romanciers qui furent autrefois les Libertins et les Grotesques.

« Vous vous demandez qui a fécondé cet œuf dans votre couvée mais, chère madame Poche, c'est le coq gaulois! Jeanne Landre est une Gauloise, c'est une Gauloise qui a des lettres et s'en souvient, c'est une Gauloise qui a un œil de peintre et s'en sert. Tenez, quand elle a peint la *Gargouille*, elle a peint un Degas; quand elle a fait *Echalote*, elle s'est souvenue de Gavarni; quand elle a écrit votre vie si médiocre et si divertissante elle a retrouvé la veine de Paul de Kock. Ses contemporains la placent au premier rang parmi les auteurs gais. Quelle folie! Elle écrit sur une trame de douleur et de tragique humanité. Voulez-vous que je vous le dise, ô mère pudibonde et offusquée, de qui elle est la sœur votre Jeanne Landre, sœur par l'inspiration, par l'émotion, par la franchise et l'audace et le cynisme, sœur par le choix de ses sujets et la force des types qu'elle a créés, eh bien ! M'ame Poche, c'est du roi de la Pègre, c'est de Villon que Jeanne Landre est la sœur. »

JANE MORTIER

JANE MORTIER

Elle a sourire d'une jeune Immortelle. C'est elle qui porte la lyre parmi les Muses du Vatican, et c'est elle que Rubens, amoureux de sa resplendissante jeunesse, peignit endormie dans un verger des Flandres.

Lorsque Jane Mortier apparaît dans une salle de concert, le public s'émerveille de la voir si majestueuse et si belle.

Elle attaque, et du piano s'élève avec une vigueur magnifique, ou une sonorité pleine de charme, les chants éternels de l'Amour et de la Douleur. Penchée sur son clavier le cou et les épaules nus, le corps drapé dans une tunique lamée d'or dont les manches traînantes laissent voir les bras harmonieux et puissants, Jane Mortier joue non comme une virtuose, mais comme une inspirée.

Nulle recherche, nul effet dans son art, nul souci de plaire au public qui vient à elle attiré par le magnétisme que dégage une grande artiste. De son visage, aussi longtemps qu'elle joue, on ne voit que ce profil grec, et les cheveux coupés, rejetés hardiment en arrière, comme chez un garçon. Elle ne regarde pas la salle, elle l'oublie, et s'émeut, s'enflamme, s'emporte, s'apaise, comme si un Dieu l'animait tout entière.

La sérénité de Bach, l'emportement de Liszt conviennent également à cet art qui unit à toutes les délicatesses d'une sensibilité féminine une puissance quasi virile.

Maîtresse d'un métier difficile entre tous, cette grande pianiste recrée le drame pathétique qui inspira les maîtres de la musique; c'est la passion dans Beethoven, la suavité d'un Schumann; l'angoisse d'un Chopin, la joie spirituelle d'un Mozart. Elle pense en musique, de là sa compréhension si vive et si profonde des œuvres musicales qu'elle interprète. Mais qu'est-ce que l'intelligence sans l'amour? C'est la clarté et la sécheresse. Quel écueil! Quelle froideur, si le clavier n'est qu'un cadavre sous les doigts agiles de la virtuose.

En cette admirable musicienne, le talent vit de toute la vie de son cœur. Elle joue comme elle sent, elle joue avec un instinct que l'intelligence n'a pas détruit, et l'on ne saurait l'entendre sans partager l'émotion qui nous ouvre le royaume des anges, l'empire des démons, ou simplement les mystères ravissants et cruels de l'amour.

De tous les arts, la musique est le seul qui possède cette vertu magique d'entrer dans le mystère qui nous entoure et d'exalter les êtres jusqu'à tirer d'eux-mêmes une force insoupçonnée. Par le moyen des sons, des accords, et surtout des rythmes, le musicien lance une incantation magique à travers le temps et l'espace. C'est cette vertu souveraine de la musique, vertu maléfique ou bienfaisante, qui déchaîne tout à coup la folie parmi les hommes, ou leur verse la seule consolation qui puisse adoucir leur misère.

Est-ce que tous les interprètes dont les noms sont célèbres, savent le secret de bouleverser ainsi les âmes, est-ce qu'ils ont tous le don de parler au cœur avec un pathétique accent? Non, cette langue divine n'est le partage que d'un petit nombre d'artistes. Les belles mains de Jane Mortier courant sur son piano sont les servantes dociles du Dieu qui l'inspire.

Il faut avoir entendu ses concerts de musique romantique pour connaître la force de son talent, la beauté de son jeu et de son style, la sûreté de cet instinct secret qui colore cette musique évocatrice entre toutes. Qui a entendu par Jane Mortier la *Danse des morts* de Liszt, — hallucinante vision des spectres qui nous entourent, — les *Scènes d'Italie*, si plastiques, les *Sonnets de Pétrarque*, ou les *variations sur un motif de Bach* peut connaître l'âme orageuse du compositeur et le magnifique tempérament d'artiste de sa grande interprète.

Jane Mortier n'a point limité son répertoire aux œuvres des grands maîtres, la curiosité d'un esprit qui suit le mouvement de son temps l'incita à faire connaître la musique moderne, dont les audaces sont encore incomprises, et qui, soutenues dès l'abord par le snobisme, fut attaquée aussitôt par un public hostile.

L'artiste fit là œuvre de courage, en interprétant l'une des premières à Paris et à l'étranger l'œuvre des *Six* et d'Erik

Satie. Aujourd'hui le bloc des SIX est célèbre. Qui ne connait les compositeurs Honegger, Auric, Durez, Germaine Taillefère, Poullinc, Darius Milhaud? qui n'a goûté l'humour d'Erick Satie, et l'élévation religieuse de son SOCRATE?

Un maître de la critique musicale, M. Arsène Alexandre, a dit en parlant de la compréhension de Jane Mortier, interprète des *Six* :

— Elle a donné à la musique moderne son maximum d'intensité; avec elle, par-dessus les rythmes les plus fuyants et les plus contrariés, les dissonances les plus constantes et les moins familières à nos oreilles, nous discernons avec une parfait clarté les intentions ingénieusement fantasques de nos jeunes compositeurs.

Malgré l'hostilité du public qui accueillit l'œuvre des *Six* par des bordées de sifflets, malgré le dénigrement systématique de certains critiques et l'incompréhension des snobs, qui acclamèrent sans discernement et sans goût les débuts tapageurs de ce groupe, Jane Mortier poursuivit son œuvre d'apostolat avec autant d'enthousiasme que de courage et de désintéressement.

Elle n'avait rien à gagner en consacrant son talent et sa vie à cette œuvre audacieuse, et elle pouvait tout y perdre. Elle n'hésita pas un moment :

— Il faut imposer une œuvre au public, dit-elle, et non suivre le goût du public.

— Mais si le public régimbe?

— Tant pis ! L'artiste doit aller jusqu'au bout. La victoire finira bien par le suivre.

Elle est venue pour Érick Satie, qui disait dans une spirituelle allocution.

« — Évidemment, il y a eu des contestations comme toujours, des petites contestations..., la venue de ces jeunes compositeurs n'a pas été acceptée avec un égal enthousiasme... Oui... parfaitement... Certains critiques, glorieux défenseurs de la routine et chargés de veiller au grain... (au grain de laideur) crurent devoir protéger ce grain qu'ils supposaient menacé... Il leur semblait que la vérité musicale était en danger, ce qui n'est pas très gentil de leur part... n'est-ce pas?

Or, il n'y a pas de vérité en art... vis-à-vis de Beethoven, Bach n'est pas dans la vérité... au même titre. En art s'il y avait une vérité unique... depuis longtemps elle serait tellement établie... elle serait tellement fixée... qu'il serait impossible à l'artiste d'employer une autre technique, d'exprimer d'autres sensations, de traiter d'autres sujets que ceux monopolisés par cette vérité. »

Jane Mortier, qui m'a lu cette déclaration de guerre d'Érick Satie, à la vérité vient s'asseoir sur le divan de son grand atelier sous le portrait qu'a peint Hélène Dufau, en face des *Trois Sirènes*, des paysages, des natures mortes, de son mari Robert Mortier, l'un des peintres les plus sensibles d'aujourd'hui.

Elle me parle du compositeur dont elle interprète souvent les œuvres :

— Son génie, me dit-elle, c'est le renouvellement. Son esprit est toujours différent, et sa réalisation est en rapport avec l'esprit, jugez-en !

Et la voilà qui ouvre son piano et me joue le *Cancan grand mondain de la Belle Excentrique,* puis la *Sonate bureaucratique,* si amusante, et le *Socrate,* où la musique est dépouillée de toute parure inutile, et où l'œuvre tend à exprimer la sérénité platonicienne.

A son appel, tous les souvenirs de sa vie musicale accourent. La belle artiste évoque son père, le compositeur Léon Vasseur, que rendirent célèbre le *Voyage de Suzette* et la *Timbale d'Argent.* Sa mère, qui était cantatrice, lui enseigna le solfège, et l'enfant apprit d'elle à mêler la musique à ses jeux, à ses petits devoirs d'écolière, à ses rêves aussi, afin de charmer ses oreilles par des airs qu'elle inventait, et qui donnaient à ses paroles plus de douceur.

Excellente idée qui devrait présider à l'éducation de tous les enfants.

Puis ce fut le Conservatoire, la classe de Duvernois, l'élève récalcitrante devant une méthode qui ne lui convenait pas et qui défendait par instinct des dons plus précieux que la science musicale. A onze ans Jane Mortier obtint son premier prix, à quatorze ans son grand prix d'honneur, suivi des autres.

Et dès lors commença pour elle la carrière des virtuoses en France, en Espagne, au Canada, en Tchécoslovaquie, à Vienne.

Elle m'explique encore des choses fort compliquées touchant à sa méthode de travail, aux pronations, aux pesées, à l'équilibre balistique, à l'horreur que lui inspire un jeu dit « perlé », à la haine qu'elle voue à l'acrobatie musicale; à la supériorité d'une éloquence improvisée, à ses préferences d'artiste pour la gaucherie d'une déformation sincère, qui vaut mieux qu'une pure et froide exécution sans passion et sans vie.

Jane Mortier parla longtemps avec éloquence et amour d'un art auquel elle a donné son âme, art qu'elle élève et nourrit par un travail constant par une rare culture intellectuelle.

C'est un être frémissant, qui s'exprime dans cette langue musicale avec une éloquence magnifique, et je comprends qu'à Prague, lorsqu'elle eut interprété avec tant de fougue et d'éclat la grande Sonate de Dukas, quelqu'un ait dit avec enthousiasme : *Jane Mortier, c'est la Rachel de la musique!*

MADAME DE NOAILLES

MADAME DE NOAILLES

Où donc est le temps où Mme de Noailles, en son délire, exultait entre le sol et l'azur, comme entre deux cymbales incandescentes, dont elle était le chant sonore?

Où donc est le temps où le chœur des nymphes antiques, grimpant derrière elle comme chèvres voraces, s'élançait vers les autels de l'Amour?

Où donc est la taciturne poétesse qui guerroyait du regard autour des tombeaux et entraînait dans l'âpre montagne qui ferme le royaume de la Mort ces vivantes Passions, ces Désirs carnassiers, mués en bêtes fauves, en chacals, en lions, dont la soif et la faim lui font un long cortège?

Celle qui écrivit le noble et touchant poème des *Vivants et des Morts*; celle qui n'offrait les lauriers et les roses qu'à la fille des Capulet; celle qui osait se peindre en cette singulière image :

Comme un coup de canon qu'on tire dans le cœur,
Vous éclatez en moi, douleurs retentissantes.

Celle qui vivait dans l'ouragan de son repos et l'extase de la volupté; celle qui attirait vers son cœur, comme un étrange aimant, tous les rêves flottant sur l'amoureuse nuit; celle-là n'est-elle plus, ou, comme le phénix renaissant de ses cendres, assagie, purifiée par la retraite et la méditation, apparaît-elle aujourd'hui comme une autre Héloïse ardente et monastique.

Le poète des *Eblouissements*, de *l'Ombre des Jours*, du *Cœur innombrable* a quitté pour une robe sévère cette tunique légère que le Faune emporte et baise au fond des bois.

Et voici dans son aspect doux et sévère, cette grande poétesse que l'Étranger salue comme l'incarnation de notre génie national et qui suscite chez nous, par la singulière vertu de ses forces vigoureuses et débiles, querelles irritantes pour sa juste renommée !

Elle est là, allongée sur un tertre de verdure, dans un jardin d'amour. Elle est vêtue d'une robe mystique dont les plis angéliques allongent son corps enfantin et masquent ses petits pieds, brûlants encore d'avoir foulé une terre ardente; sa lourde et noire chevelure s'épand sur ses épaules; ses doigts jouent avec un chapelet où la rose se marie au jasmin, et son esprit médite. L'ombre légère d'un olivier voile sa tête d'aiglonne et rafraîchit l'oiseau porte-lyre qui suit fidèlement sa fière maîtresse. Son œil oriental, long, câlin, malicieux, enflammé, suit le vol des heures amoureuses que vécut l'héroïque et malheureuse Héloïse et qu'elle vécut à son tour, car, de sa mémoire réjouissante et nourricière, va sortir une rêverie nouvelle qui sera un docte et voluptueux enseignement sur les femmes.

Cette rêverie, la voici enfin; elle a pour titre : *Les Innocentes*.

Aux Innocents les mains pleines, c'est bien le cas de dire, car l'essence même de cet enseignement, qui s'offre sous la forme de récits, d'aveux, d'effusions, de confidences, d'homélies et de discours, c'est d'exhorter les femmes à être bonnes toujours, et à chercher une consolation à leurs amoureuses souffrances dans le plaisir ou dans le renoncement.

Aimez et faites ce que vous voudrez ! C'est là un thème qui n'est pas nouveau. C'est un grand lieu commun développé par Mme de Noailles avec une éloquence hardie et inégale, dans une langue qui passe avec une déconcertante facilité des beautés les plus pures aux ornements les plus extravagants. Cette pauvre langue française, dont la comtesse de Noailles fit à Bruxelles un éloge si magnifique, ressemble parfois, dans cette œuvre poétique, romanesque ou didactique, à la Vénus de Milo qui porterait un anneau d'or dans le nez et des tatouages sur le dos. Ceci dit, quelle éclatante beauté règne en cette œuvre d'une femme qui n'a point de rivale.

L'intérêt des *Innocentes*, c'est que, pour la première fois, Anna de Noailles sort d'elle-même ou feint d'en sortir pour entrer dans l'âme des autres femmes. Jusqu'ici, dans ses romans, dans ses poèmes, ce qui nous attirait c'était son image, son esprit et ses rêves. Taillé comme un diamant aux mille facettes, son cœur innombrable, son cœur hermétique suffisait à notre enchantement. Que de larmes, que de cris d'admiration saluèrent ces confidences d'une âme forte, libre et originale !

Mais voici que, pour la première fois, l'auteur, se détournant d'elle-même, consent à parler à ses sœurs d'amour de ce qui est la loi de nature et leur raison d'être : la Passion, telle qu'on la peut concevoir dans ses rapports avec tous ceux qu'elle enchaîne.

Venez donc, et la voyez dans l'attente qui précède le moment qu'elle va parler. Elle est étendue sur un tertre et mollement accoudée sur les feuillages de ce jardin chuchotant d'amour; au loin, comme dans une tapisserie, se dresse la tour de sa détresse, et, par un de ces mirages dont la nature est coutumière, derrière cette noble et pathétique figure, allongée comme les patriciennes sur leur lit funèbre, le fond du paysage est tantôt la mer d'Italie, tantôt les peupliers de l'Ile-de-France ou les ciels d'azur et de neige, ou le grand arbre de corail, ou la nuit qui embaume comme un noir oranger.

Autour de leur dolente et mélancolique amie, comme en une cour d'Amour d'un autre âge, voici les adorables victimes de la *Nouvelle Espérance*, la nonne au *Visage émerveillé*, la fière et pensive héroïne de la *Domination*, puis les Bacchantes blessées et les Danaées des Jardins d'Ionie et derrière ces femmes pantelantes, la foule innombrable des orgueilleuses, des tendres, des voluptueuses, des sacrifiées venues là pour pleurer sur leur détresse infinie, et sur l'homme qui les assassina.

Enfin, elle parle !

Qui n'a vu ou entendu parler Mme de Noailles ne sait pas ce qu'est la puissance dévorante du verbe ! Elle laisse éclore sa voix murmurante; quelques mots jaillissent épars, rythmés par le silence, et puis le Dieu s'empare d'elle et elle parle comme une inspirée, tour à tour pétulante et moqueuse, spirituelle, profonde, lyrique, abondante, formulaire, abstraite ; à mesure qu'elle s'échauffe, sa pensée s'éclaire et grandit comme le feu qui se nourrit des aliments invisibles de l'éther, et bientôt s'élève le brasier éblouissant.

Ce feu est un des dons les plus merveilleux de cette intelligence féminine nourrie d'une forte culture, et capable de s'assimiler les conceptions les plus opposées de l'esprit humain. Mais la fragilité de son corps brise cette fougue ! elle retombe épuisée, et l'on s'étonne que cet être, semblable au rossignol éperdu d'amour, puisse sans mourir exhaler la puissance de son âme excessive et frénétique.

Cette éloquence spontanée, ne se retrouve pas dans ce livre des *Innocentes*, qui est un discours apprêté, froid, ennuyeux, et emberlificoté. C'est un livre de méditation et d'oraisons mystiques, dont les arguments relèvent de la rhétorique et non de l'inspiration du cœur. Il semble qu'en ce livre, Mme de Noailles se soit donné un thème abstrait, comme autrefois en ces galantes assemblées de la gaie science. Elle dit ce qu'elle pense sur l'infidélité, la coquetterie, l'inconstance, le plaisir et la jalousie. Avant d'écrire, elle a relu les lettres d'Héloïse à Abélard, les confidences de sainte Thérèse, le *Traité des Passions de l'Amour*, de Paseal, elle a feuilleté Bossuet, Chateaubriand, qui sait Rousseau, Marmontel et peut-être Restif de la Bretonne, et sa phrase a pris souvent le tour de ces écrivains qui ne lui ressemblent pas, de sorte que sa pensée analytique au lieu d'arriver doucement au cœur comme la flèche que l'Ange lançait contre la poitrine de sainte Thérèse, a manqué le but.

Le premier thème de ce discours sur l'Amour et la Passion est celui-ci : une femme qu'aime subitement le mari de son amie est-elle tenue loyalement d'avertir celle-ci qu'une autre est préférée, même si après cet aveu elle s'éloigne de celui qui l'aime? Autrement dit, par franchise doit-on faire le mal inutilement.

Diable de question ! Entre nous ces *Innocentes* ressemblent assez à des démons qui s'ignorent. Mais l'assemblée qui entoure cet ingénu professeur de philosophie et de morale à l'usage des grandes amoureuses, l'assemblée ne goûte pas cette languissante démonstration. La nonne de Biarritz va se lever et courir chez son peintre, mais l'inspirée déjà traite d'un autre sujet, et de ce haut et triste cœur s'élève une plainte qui subjugue et retient, une plainte qui vous laisse aux écoutes du charme qui va surgir. Ah ! que Mme de Noailles reste poète, romancière, et renonce à ces essais de moralité qui veulent plus de sécheresse d'analyse et de sobriété dans l'expression. Quel chef-d'œuvre romanesque eût donné le thème de cette méditation : *Pour souffrir moins,* et pourquoi l'avoir réduit en poussière d'eau dans ce recueil empreint de délectation morose !

Ah ! madame, laissez là ces Innocentes brebis, car votre génie est un torrent qui ne veut pas être canalisé, c'est un torrent qui tombe du pays des neiges sur la plaine soleilleuse, et répand sur la terre qu'il traverse capricieusement la vivacité des eaux courantes, la fraîcheur des montagnes, le parfum des champs et des jardins, jusqu'à cette fontaine mystérieuse, où viennent se mirer les amants. O fontaine poétique, nouvelle Aréthuse, longtemps, longtemps encore après que nous ne serons plus, quand viendra la saison du désir, l'ombre heureuse de Mme de Noailles verra les amants boire comme un philtre cette eau pleine d'amour, de force et de gaîté.

RACHILDE

RACHILDE

— Il n'y a plus de magiciennes! Adieu, Circé! Adieu, Médée!

— Salut, Rachilde!

— Rachilde magicienne? Allons donc...

— Et de quel nom voulez-vous nommer celle qui éclaire les ténèbres des âmes, celle qui épouvante les uns par son audace et ravit les autres par les sortilèges de son talent? Avez-vous lu les *Hors-nature*, l'*Heure sexuelle*, *la Tour d'amour*, la *Souris japonaise*, le *Grand Saigneur?* Est-il quelque écrivain qui puisse peindre avec autant de franchise et d'originalité les combats de l'homme contre la luxure, les révoltes de sa chair contre une chasteté volontaire; déchaîner ses curiosités inquiétantes, émouvoir sa sensualité et le rouler vers la folie et la mort après qu'il a satisfait la perversité de ses instincts?

Cette humanité-là, qui sort armée et casquée du cerveau de Rachilde, est une humanité de combat qui ne ressemble point à celle que M. Joseph Prudhomme défend les armes à la main ou cajole dans ses rêves d'amour! Joseph! Joseph! tu te récries, tu te voiles la face, tu recules d'horreur devant les ébats de ces amants singuliers et, le doigt tendu vers le livre coupable, tu cries à la face du monde :

— Cela est digne du marquis de Sade!

— Joseph, tu te trompes. L'humanité que crée cette magicienne des lettres est simplement romantique; cette perversité qui te donne la chair de poule est moins un acte de foi qu'un acte de protestation, car Rachilde a le mépris de l'humanité. Celle qui vit, palpite et souffre dans ses ouvrages se dévoile avec horreur mais non avec impudeur, car elle n'est vulgaire ni dans ses actes ni dans ses sentiments. Elle exige de la vie tout son prix et, pour cela, court vers les excès qui décuplent son plaisir, brave le danger, accepte la mort, pourvu qu'elle arrive à ses fins, c'est-à-dire à l'assouvissement de ses instincts, à la possession de l'être qu'elle désire avec frénésie.

Cette humanité baroque et farouche se délecte dans la cruauté, s'enivre dans la perversion, goûte un plaisir démoniaque dans le triomphe des vices ou dans la défaite, qui accroît sa volupté !

Humanité de malades, de monstres, de hors nature, qui fait songer à l'enfer, comme dit Moréno, mais n'est pas sans grandeur ni sans martyrs. Dans ces combats d'amour, qui sont aussi féroces que les combats de bêtes, le courage chevaleresque, le courage qui méprise le châtiment, donne au bourreau de la grandeur, voire de la sympathie, et la soumission angélique à la volonté du terrible dominateur rend inoubliables les victimes de ces tragiques aventures.

Il y a, dans cette humanité exceptionnelle, du réel et de l'artificiel. C'est la part d'artifice qui en fait la grâce et l'enchantement.

Les héros singuliers de Rachilde me font penser aux amants qui s'en iraient au sabbat un soir de clair de lune, lorsque la lande est enveloppée de cette brume d'argent qui flotte dans les rêves de Skakespeare. Cette lande exhale une odeur d'amour et de mort. Le Malin est là qui attend ses fidèles.

Viennent pour danser dames tristes et belles, de cœur pur, mais folles de leur corps : *Princesses des ténèbres*, *Jongleuse,* fantômes de la *Tour d'amour,* fiancée du *Grand Saigneur,* petite épouse de l'*Hôtel du Grand Veneur,* fillette du *Printemps.*

Et rencontrent amants sournois et

cruels, compagnons du taciturne Hamlet ou du divin Marquis, camarades d'Hernani, rêveurs magnifiques que troublent, en leur esprit et en leur chair, les désirs égarés d'Oscar Wilde, les tristesses de Beaudelaire, les visions fantasques des contes d'Edgar Poë, d'Hoffmann, de Villiers de l'Isle-Adam.

Et, par couples, dansent sur l'herbette une danse que mène *Madame la Mort,* tandis que le Vampire, son monocle à l'œil, cherche la gorge où il boira le sang !

— Mais c'est une danse macabre, et ces gens-là sont fous ! Ce n'est pas d'eux que l'on dira : « Plus on est de fous, plus on rit ! » L'art de votre magicienne manque de gaieté.

— Non de fantaisie ! Le grand amour n'est jamais gai, et Rachilde ne s'intéresse qu'au grand amour. Croyez-vous que l'auteur du *Meneur de louves* prenne la plume pour nous divertir? Elle la prend pour nous étonner, et je donne à ce mot le sens de terreur que lui donnaient nos ancêtres. Rachilde veut avoir peur et nous faire peur : elle voit le diable partout !

Son imagination, qui fait naître le trouble et l'inquiétude, l'angoisse l'épouvante, a créé un merveilleux qui convient à notre temps, car c'est dans l'abîme des âmes qu'il faut chercher l'inconnu et le mystère.

Cet enchantement — non du Vendredi-Saint, mais du Sabbat — aurait séduit un musicien romantique tel que Liszt ou Chopin. Mais quel peintre ne goûterait la beauté hallucinante de la *Vérité* au fond du puits, vérité semblable à la plus terrible des sorcières, et quel poète ne serait ravi de la préface consacrée à *Narcisse* (dans l'*Escalier de velours*, d'André David), où la vision du bel éphèbe amoureux d'une nymphe fait penser aux cartons de Raphaël, pour Psyché?

— Mais votre magicienne, que vous

mettez sur la cime des orages, d'où vient-elle?

— Elle sort d'une famille de soldats. Elle est née à la fin du second Empire, et fut élevée au bruit des rumeurs guerrières, des sonneries de cavalerie, des sabres traînant sur les pavés de Metz. Elle eut sous les yeux les exemples du stoïcisme militaire, et toute sa vie elle a ressenti les effets de la dure maxime qu'on lui enseigna en bas âge : « Souffre et abstiens-toi ».

Parce que ses menottes d'enfant lâchaient la poupée, pour jouer avec le sabre et la dragonne, on en conclut qu'il y aurait courage de garçon en cette âme de petite fille, qui avait en soi gouttes de sang royal, et, dans l'apanage des ancêtres, royaume en Terre-Sainte !

A peine avait-elle figure de demoiselle : visage blanc comme neige, chevelure couleur de nuit, œil couleur de jade, et, dans la colère, couleur du rayon vert qui jaillit du soleil à l'instant que l'astre sombre dans les flots; bouche mince, qui rit, raille et mord, petites dents de chatte cruelle, profil merveilleux, taille droite comme lance au poing du cavalier, à peine donc était-elle en la perfection de sa jeunesse qu'il fallut quitter le régiment.

Le père, « l'oreille fendue », s'en alla cacher sa douleur et sa rage dans sa maison du Périgord. Il emmenait avec lui, en ces lieux sauvages, l'épouse ravissante mais lunatique, et cette fillette grave, silencieuse, volontaire, qui attendait le prince charmant

Ce fut l'Ennui qui vint, accompagné du Souci et de la Peine. Cela nous est conté admirablement dans les *Rajeac*, le chef-d'œuvre de Rachilde. Un jour qu'on lui avait ravi sa couleuvre, son chat, ses poussins et sa chouette, pour les jeter à l'eau, elle courut se noyer. Las! Mais son père la sauva, et, peu de temps après qu'elle errait en grande mélancolie, elle vit poindre un inconnu merveilleusement beau. Il avait pour vesture une draperie qui s'agitait au vent, ses talons avaient de petites ailes ainsi que son chapeau. A la main, l'étranger tenait une baguette de laurier, qui portait une couleuvre à l'entour.

Il salua et dit :

— Belle, sur l'ordre des dieux, je te viens délivrer, car il n'est pas séant qu'une fille qui reçut en présent le don du Rêve, vive ainsi que Cendrillon. Laisse là fumer le pot et renonce à cette vie ménagère. Ton devoir est d'obéir aux Muses et, par tes écrits vifs, subtils et originaux, honorer grandement les neuf sœurs ! Pour ce, il te faut quitter le pays des glands et de la châtaigne et conquérir le royaume que les Immortels te veulent octroyer !

L'ayant vue attentive à ses propos, l'Inconnu reprit avec force :

— Ce royaume est celui des âmes en folie. Tes sujets seront beaux, mâles et vigoureux. Mais ils auront tous une blessure secrète. Je lis dans ton regard, Belle, tu me demandes pourquoi il en est ainsi? C'est le secret du destin. Console ces réprouvés, ces maudits, ces victimes de la fatalité. Prête-leur ta voix, ton esprit et ton cœur afin de les révéler. La conquête de ton royaume sera difficile, car tu devras être de glace et de feu. Tu rencontreras mille et mille obstacles, pièges, mirages et faux-semblants. Tu souffriras par les hommes, les nains, les géants, les sorcières et les vils enchanteurs. Mais tu seras la plus forte. Rachilde, si tu l'oses, ton œuvre sera belle !

Étonnée de s'entendre ainsi parler, l'enfant leva ses yeux clairs sur la face divine et dit sans broncher :

— Sur ma foi, j'oserai !... Mais qui êtes-vous, beau doux seigneur?

L'autre leva sa baguette où la couleuvre se balançait avec grâce :

— Le Messager des Poètes et des Dieux ! J'ai nom Mercure ! Prends mon caducée afin qu'il t'aide en ta glorieuse entreprise et figure après tes noces dans ton blason de grande dame des lettres françaises !

Il dit et, sur ces paroles singulières, s'envola dans l'Empyrée, laissant sa baguette de laurier et sa couleuvre aux mains de Rachilde qui, sans plus attendre, obéit à son dieu.

De ces accordailles sont nés vingt romans et cette critique littéraire qui a tant de sel.

Cette critique du *Mercure de France*, Rachilde la tient avec autorité, goût et franchise. Certes, elle a souvent la dent dure, et sa sincérité paraît cruelle à qui en ressent les effets. Mais la vérité exige le courage, et le courage est une des vertus de Rachilde, qui est de taille à batailler par la plume et par le poing pour défendre ses idées.

Son combat de critique, elle le mène d'un train d'enfer contre la sottise, l'ignorance, le bluff, la médiocrité, le mauvais goût, le ridicule, la prétention, la fausse gloire, etc... Son rire éclate, si perçant qu'il fait écho. Lorsque l'obstacle à renverser est trop fort, elle allume un pétard, tout vole en éclats, et elle passe, suivie par les talents neufs, les talents des jeunes, qui, sans elle, peut-être, auraient trouvé la route barrée.

Telle est Rachilde dans sa critique littéraire : spirituelle, amusante, enthousiaste, satirique, pleine de respect et d'amour pour les lettres françaises et de haine pour qui offense la muse, telle on la retrouve dans sa conversation, aux mardis du *Mercure de France.*

Qui ne connaît ces réceptions de chaque semaine ignore un des plaisirs de la vie littéraire à Paris, car dans ce petit hôtel de la rue de Condé, qui fut celui de Beaumarchais, se réunissent autour d'Alfred Vallette et de Rachilde sa femme, écrivains, artistes, savants et comédiens. Être admis à ces mardis équivaut, pour les jeunes auteurs, à une consécration.

La première fois que je vis mon amie recevoir chez elle, il me sembla que, dans la conversation si vivante, si mordante et si variée, elle était le meneur du jeu. Elle portait une robe violette boutonnée sévèrement, et, sur ses cheveux d'argent, un drôle de petit bonnet qui variait suivant sa coquetterie ou son caprice, de sorte qu'à certains mardis vous aviez devant vous une Christine de Pisan, un compagnon de Dante Alighieri, voire une de ces pâles ci-devantes dont le regard, chargé de mépris, faisait hurler la populace au passage de la fatale charrette.

Le petit bonnet est mort !... Les cheveux blancs de Rachilde la coiffent d'une nuée qui adoucit la terrible lueur verte de son regard ! Oui-dà, elle est de glace et de feu, comme au temps de sa jeunesse. Tenez, regardez-la, en sa maison des champs où elle se retire pour travailler, tous les animaux lui font la cour ! Elle est heureuse : voici l'ambassade des chevaux, des chiens, des chats, des chèvres, des lapins et des pigeons, sans oublier les oiseaux, la chouette et la couleuvre. Mais qui va faire le compliment?

Qui va le faire? Messire rat ! Le gentil rat de Marot et de La Fontaine, qui est le favori de Rachilde. Il met, comme autrefois devant le lion, genou en terre, enlève son bonnet de la tête, et crie le plus haut qu'il peut :

— Merci à toi, Protectrice, au nom de tous les animaux que tu as sauvés du péril ! Le Dieu des souris et des rats te le rendra !

Est-il, pour finir, salut plus tendre et plus courtois?

YVONNE SARCEY

YVONNE SARCEY

Une grande séance du Comité Prix Fémina Vie Heureuse. On fait le rond chez la Présidente, Mme Adolphe Brisson (Yvonne Sarcey), dans cet atelier de la rue La Bruyère, où tout Paris a défilé, où dans un instant la reine de Roumanie va venir.

Aux murs des livres, en veux-tu, en voilà. La bibliothèque du « papa » fut célèbre, celle du mari ne l'est pas moins. Au milieu, un tableau connu : le portrait de Sarcey et de sa famille.

En attendant la discussion je regarde Sarcey. Il est tel que je le vis au Trocadéro en ma jeunesse, arracher les applaudissements par son esprit, sa bonhomie, la justesse de sa critique, la clarté de son enseignement. On peut dire de son héritage, bien que recueilli par une femme, qu'il n'est pas tombé en quenouille, puisque sa fille assume, depuis de longues années, la lourde tâche de diriger avec son mari la *Revue* et l'*Université des Annales*, *Conférencia*, les *Maisons claires*, après un hôpital de guerre, et d'écrire entre temps, sous le nom d'Yvonne Sarcey, des chroniques qui sont pleines d'esprit, de sagesse et de bonté.

Cette tâche écrasante ne l'a point fatiguée. Elle est la plus jeune et la plus alerte du Comité qu'elle préside. Allez donc médire du travail intellectuel, c'est lui qui est le gardien de la beauté et de la jeunesse. Quel secret Mesdames... je vous le livre, l'essayer c'est l'adopter.

Au milieu du rond, à qui ressemble Yvonne Sarcey?

A un portrait du baron Gérard. Elle en a le charme fait de grâce et de solidité. Les cheveux bruns font des bouclettes autour d'un front clair; les yeux noirs sont pétillants d'intelligence et de malice; les joues fermes et rondes; le menton a une fossette, — cela va de soi, — la volonté doit se nicher quelque part; la bouche est rieuse, belle et bonne.

On l'interpelle! Présidente, elle répond. Son devoir est d'avoir tout lu. Elle a lu tout, ou presque. D'un mot juste, bref, Yvonne Sarcey dit ses préférences parmi ces deux cents bouquins, dont un seul aura le prix; ses préférences révèlent un goût délicat, l'amour très vif des lettres, le désir de pousser le talent, quel qu'il soit.

Si la discussion devient véhémente ou aigre-douce, si elle dévie, le bon sens de notre présidente apaise le tumulte avant qu'il n'éclate et ramène les vagabondes à la question. Elle le fait avec une courtoise fermeté, avec mesure, à la française !

Telle apparaît sage et maîtresse d'elle-même, dans le feu de l'action, cette maréchale de camp.

N'est-ce point ainsi qu'il sied de nommer celle qui créa et organisa pour les Jeunes filles ce camp des *Annales* où elles viennent parachever leur éducation. Comment et pourquoi Yvonne Sarcey s'est-elle faite éducatrice? Par amour des enfants, les siens d'abord et puis ceux des autres, dans le dessein de leur être utile. Elle disait :

— Il y a une lacune dans l'enseignement que reçoivent les femmes d'aujourd'hui. Ou bien elles en savent trop, ou elles n'en savent plus assez. On ne peut pas envoyer toutes les jeunes filles à Sèvres, ou en Sorbonne, ou au Collège de France. Qu'iraient faire là celles qui seront seulement des épouses et des mères? Il devrait y avoir un enseignement pour elles, un enseignement aimable, varié, pratique, qui les préparerait à devenir les compagnes véritables de leurs maris.

— Qu'en pensez-vous, demanda Yvonne Sarcey au vieil Hébrard, directeur du *Temps*?

— Excellente idée ! Créez cette Université nouvelle, et voyez donc Sardou, c'est un homme précieux.

Yvonne Sarcey vit Sardou, qui lui dit :

— Des conférences ! Un enseignement approprié, attrayant, utile ! Parbleu, commencez donc par apprendre aux jeunes filles d'aujourd'hui ce que c'est que la Révolution française ! Ouvrez vos cours par une leçon sur la Révolution, je m'en vas vous choisir les conférenciers qu'il vous faut !

Et le vieux Sardou sortait sa liste, se frottait les mains, poussait sa petite calotte d'une oreille sur l'autre.

L'*Université des Annales* était fondée.

Sa réputation aujourd'hui est établie dans les deux mondes. Il n'est point d'étrangère intelligente et curieuse qui ne veuille tâter de cet enseignement « bien parisien », et point de jeune fille française qui ne souhaite, au sortir du collège ou du couvent, entrer dans ce royaume charmant de la poésie, des arts, des sciences, de la philosophie, de l'histoire et des voyages sous la conduite des hommes et des femmes les plus connus de ce temps.

L'originalité de cet enseignement fut d'être donné non par des professeurs, mais par des professionnels, poètes, auteurs dramatiques, comédiens, musiciens, philosophes, médecins, et savants. Que de ah ! aux conférences de Rostand, de Mme de Noailles, de Gyp, de Raynaldo Hahn, de Victor Gilles et de Kubitzky. La curiosité des filles d'Ève y trouvait son compte, autant que l'appétit de s'instruire.

C'était par un chemin de velours

que les élèves suivaient les Maîtres dans ces merveilleux voyages de la pensée, et dans ces voyages réels aux provinces françaises, aux colonies, dans ces haltes ravissantes, pèlerinage de la Malmaison et de la roseraie de l'Haÿ.

Ces voyages qui font partie du système d'éducation d'Yvonne Sarcey m'apparaissent comme d'ingénieuses croisades des enfants qui s'en vont à la recherche des lieux sacrés de notre patrie. Ils complètent l'œuvre spirituelle qui excite dans ces jeunes âmes l'enthousiasme, la ferveur, l'amour du beau et du bien, le respect de notre culture et de nos traditions, que la jeune mère devra transmettre un jour à ses enfants.

Voilà le point capital, transmettre à ses enfants, avec la vie les trésors spirituels des ancêtres. Cette question de l'avenir à défendre, par conséquent de l'éducation qu'il faut donner aux filles, est un problème social et moral qui se renouvelle avec le temps. Fénelon, Jean-Jacques, Condorcet ont donné un avis autorisé, écouté. Ils sont en quelque sorte les *Pères* de ces idées nouvelles qui ont abouti à l'affranchissement de la femme moderne.

Aux alentours de 1900, la question de l'éducation des femmes était encore si brûlante que les livres de cette époque : *Vierges fortes*, *Lettres à Françoise*, de Marcel Prévost, *Blanchette* de Brieux, les *Claudines*, les *Sévriennes*, sans oublier les remarquables traités de la mère Marie du Sacré-Cœur, firent un grand raffut.

Quelles protestations, Seigneur ! Aujourd'hui c'est bien une autre affaire.

La question de l'éducation des filles ne se pose plus, elle a été résolue par les jeunes filles, elles-mêmes, qui obéissent aux lois souveraines de la nécessité et de l'instinct. Elles ont acquis pendant la guerre une indépendance si grande qu'il ne leur reste plus rien à acquérir, mais tout à discipliner. Ce problème de l'avenir de la jeune fille poussé à l'extrême, poussé jusqu'à l'absurde, a été traité par le livre de Victor Margueritte. La lecture de ce livre qui déchaîna des tempêtes aura peut-être forcé les parents et les enfants à réfléchir aux limites qu'il convient de donner à l'indépendance et à la liberté des jeunes filles, aux dangers que court une nation, où la pudeur des femmes ne serait plus qu'un vain mot.

Il est certain que le mariage, du fait de cette indépendance conquise, subit une crise, et que dans bien des jeunes ménages l'arrivée de l'enfant n'est plus considérée comme une bénédiction du ciel. Alors où allons-nous, s'il faut rappeler aux femmes que le rôle le plus beau, le plus enviable, ce n'est pas celui de la libre citoyenne, mais celui de l'épouse et de la mère.

Yvonne Sarcey le dit ! Elle le crie ! Son dessein est de préparer les jeunes filles d'aujourd'hui à leur métier de femmes, à savoir diriger leur maison, aider leurs maris, s'associer à leurs goûts, s'intéresser à leurs travaux, savoir suppléer la domestique, élever le poupon pour en faire un vrai petit gars solide et travailleur.

...Est-ce que je rêve? Je vois arriver sur le « plateau » des *Annales*, une dame du bel air, en robe à queue, un livre à la main. Elle a sur la tête une petite huppe de dentelle. La salle est remplie d'élèves en uniformes sévères, ne se distinguant entre elles que par des ceintures éclatantes. Que leurs visages sont mélancoliques et graves ! Avec quel respect elles contemplent cette conférencière, qui semble la Gouvernante des enfants de France.

— Mes filles, dit celle-ci, vous êtes folles de penser au mariage qui vous fera quitter Saint-Cyr ! Le mariage n'est point un état pour vous ! Le serait-il que vous ne devriez pas l'envisager gaiment, car, j'en sais quelque chose, le mariage n'est pas gai ! Le bonheur ne vient pas avec lui. C'est d'ailleurs une erreur grave de faire dépendre son bonheur d'autrui. Il n'en faut attendre que déception et chagrin. Au lieu d'être coquettes, mesdemoiselles, comme je vois à vos affiquets, pensez plutôt à demeurer simples comme il sied à des filles pauvres et bien nées, car vous ne serez pas recherchées, c'est moi qui vous le dis ! Vous resterez à croquer le marmot ! Les plus belles attendront sous l'orme le jeune homme de cour dont elles ont rêvé d'être l'épouse. Mes filles, le mariage est une mortification. Celles d'entre vous qui auront l'honneur d'être choisies par quelques officiers de Sa Majesté, devront s'attendre à n'être que les servantes dociles des glorieux soldats, que la fatigue des campagnes contraint au repos !...

A ces paroles cruelles je vis les Demoiselles de Saint-Cyr faire la grimace et quelques-unes pleurer. Et moi j'en demeurai pantoise. Que les temps sont changés !

La vision s'effaca, et dans le même lieu, je vis une foule bruissante et frémissante de jolis minois, aux yeux vifs et pétillants, aux joues roses, aux cheveux coupés ; les bras étaient nus et les robes courtes. Ici et là, perdues dans ce peuple de jeunes filles, quelques mères, tantes et cousines, qui n'avaient point la sévérité des dames de Saint-Cyr. Sur le « plateau » au lieu et place de Mme de Maintenon, fondatrice de Saint-Cyr, je vis paraître Yvonne Sarcey, fondatrice de l'*Université des Annales.*

Elle traitait le même sujet, avec rondeur, sagesse et bonhomie, comme son père, et voici en substance ce qu'elle disait à ses auditrices :

— Mes enfants il faut penser au mariage, parce que le mariage est l'état naturel des femmes. Votre ménage sera ce que vous le ferez. Il est donc nécessaire d'apprendre votre métier de femme. Il est plus difficile que vous ne l'imaginez. Il faut vous mettre en tête qu'une épouse intelligente doit être l'associée de son mari. Voyez un peu l'effort que cela comporte, les connaissances que cela nécessite. Aujourd'hui vous n'êtes plus une dot qu'on jette dans la balance, vous êtes une valeur qui multiplie. Plus votre esprit, votre cœur, votre activité, seront aptes à cette multiplication, plus vous vous rapprocherez de l'idéale compagne de l'homme. C'est pourquoi je vous ai conviées à recevoir un enseignement complémentaire, celui qui aimantera votre curiosité intellectuelle, d'une part, et celui qui vous apprendra à tenir votre ménage, lier une sauce, assaisonner le fricot, faire vos robes, taper à la machine. Apprenez à la pouponnière, à la crèche, à la goutte de lait comment on élève un enfant. Un jour vous serez bien heureuse d'avoir appris tout cela !

— Ne croyez pas que dans la vie, continua l'éducatrice, votre rôle se bornera à rendre votre mari et vos enfants heureux. Il y a les autres : les autres qui souffrent et qui peinent. C'est un devoir pressant, que dis-je, un devoir criant, d'aller vers eux. La grande injustice du sort, qui fait tant d'inégalités parmi les hommes, exige de vous des compensations ! Vous devez aider les mères chargées d'enfants, vous devez les aider à les élever, à les sauver de la maladie, de la misère, du vice. C'est un beau rôle, mes filles, que celui-là. J'estime qu'il n'en est pas de plus doux.

— *Sauver la graine,* Pasteur l'a dit ! Vous avez commencé l'accomplissement de ce devoir ici même en créant les *Maisons claires.* C'est avec vos tirelires brisées, avec vos dons, votre propagande généreuse que nous avons sauvé ensemble des milliers de petits enfants qui se mouraient faute de pain, de soins, et d'hygiène. Vous avez créé 18 *Maisons claires* et assuré à ces petiots des centaines de journées de bonheur au grand air. Vous n'oublierez jamais, n'est-ce pas, l'accueil enthousiaste que l'on nous fit à Barcelone, quand nous arrivâmes avec ces pauvres petits gosses, qu'épouvantait la grosse Bertha ! Cet enthousiasme fut votre récompense ! Que ce Souvenir reste dans vos cœurs comme une belle leçon d'amour : *nous ne pouvons être heureux qu'en faisant le bonheur des autres!*

Hélas ! mes filles, vous ne vous marierez pas toutes, parce que la guerre a détruit un peuple de jeunes hommes dont vous eussiez été les épouses. Mais cela ne vous dispense pas de servir, au contraire, de vous dévouer, d'entrer dans l'action sociale avec courage et la résignation joyeuse des femmes décidées à faire d'abord leur devoir. Vos enfants? Eh bien ce seront les enfants des pauvres, et l'amitié, si douce entre hommes et femmes, sera pour vous une compensation si l'amour s'écarte de votre route !

Pour vous guider je suis devenue moraliste. Je vous ai montré la *Route du bonheur* et ce qu'il fallait faire *Pour être heureux*. Si mes conseils ne sont pas ceux que Mme de Maintenon donnait à ses filles, c'est que cette femme, si raisonnable et si intelligente, fut une épouse désenchantée et n'eut pas la joie d'être mère.

Moi je vous crie de tout mon cœur : *Servez! Aimez! Multipliez!* c'est la loi qu'il faut suivre... »

J'étais tout oreille, car ces paroles étaient pleines de sens et de vérité. Mais soudain ma vision s'évanouit.

Je me retrouvai au milieu de mes collègues du comité Fémina Vie Heureuse, la reine Marie entrait. Notre

Présidente l'accueillit comme il sied à une souveraine qui est aussi une femme de lettres. Notre assemblée s'ouvrit et la grande séance commença.

YVONNE SERRUYS

YVONNE SERRUYS

Je l'ai connue pendant la guerre au cours des réunions qui se tenaient chez miss Barney, dans un délicieux petit temple grec situé entre cour et jardin.

Ce temple remontait à la Révolution, il était voué à *l'amitié.* Les femmes en ont changé l'enseigne, il reste dans le souvenir de quelques-unes d'entre nous, comme l'asile de l'inimitié. Et pourtant de quelle grâce, de quel tact, de quelle prudence s'armait la séduisante Américaine qui présidait nos réunions chez elle.

Ces querelles, ces discordes, ces criailleries parfois, m'ont donné l'avant-goût du Parlement des femmes ! Seigneur, délivrez-nous d'un si funeste présent.

Celles qui se réunissaient discrètement dans ce temple étaient toutes des femmes de valeur : les unes quittaient leur table de travail, leurs pinceaux, leurs cornues, leurs usines, leurs chaires, leurs journaux dans le dessein téméraire de donner un coup d'épaule aux combattants. De quelle façon? En prévoyant d'ores et déjà l'avenir, et en préparant le règne de la paix, comme on prépare l'entrée du Paradis.

C'était à pleurer de tendresse devant la félicité qui nous attendait lorsque les hommes cesseraient de se battre.

Chacune avait son projet, son idée, pour le moins son mot à dire. Celles qui n'avaient aucune lumière sur ce temps nébuleux se contentaient d'ouvrir leurs oreilles aux discours des Annonciatrices...

Je revois, dans le petit temple bien

clos, (*Taisez-vous, méfiez-vous,* etc.) Georgette Leblanc debout, son mémoire philosophique tout imprégné de l'esprit mystique d'un Maeterlinck; Madeleine Marx s'attaquer au traditionnel servage; Séverine évoquer avec ferveur et bonté *Celle* dont il ne fallait point parler, sous peine d'être suspecte; Rachilde ferraillant avec ses adversaires qui menaçaient leurs sœurs trop hardies de leurs aiguilles à tricoter!...

Je revois Valentine Thomson, directrice de la *Vie Féminine,* exigeant des précisions; Lucie Delarue-Mardrus tirant sa révérence, parce qu'elle ne goûtait ni le ton ni la chanson; l'une de ces illuminées de la rue Fondary qui attendaient la prison, comme les premiers chrétiens attendaient le martyre; Marie Lenéru qui ne pouvait briser les chaînes de ses lèvres; la jeune Chinoise fille de la révolution; surintendantes, ouvrières qui tournaient les obus, grandes dames publicistes, venues là pour échanger entre elles le premier baiser de paix !

Innocentes et vaines réunions qui parurent subversives, en un temps où l'État même craignait les femmes !

Yvonne Serruys fut l'une des dernières à venir chez miss Barney. Elle entra au milieu d'une discussion qui enflammait ces zélatrices de l'avenir.

Il y avait en sa personne quelque chose de viril qui forçait l'attention plus que la sympathie ; visage calme taillé en larges plans, bouche ferme exprimant la force, l'intelligence et la volonté mais non la grâce ni le charme ; ses yeux clairs, avaient un regard direct, dépouillé de mystère, ils captaient la forme des êtres avant de chercher à pénétrer les âmes. C'étaient des yeux d'artiste qui disaient sans détour :

— Quelles sont ici les femmes belles ? Au diable le reste !

Cette nouvelle venue au Temple de l'Amitié avait une parole brève et autoritaire, elle parlait avec une éloquence concise, en femme qui ne se paie pas de mots ou d'images, et qui n'a point de temps à perdre. Les mots étaient les outils qui lui servaient à dégrossir rapidement sa pensée; à mesure que ses arguments se développaient avec ordre et chaleur, je sentais s'affirmer sa maîtrise et, dans ce Parlement en feu, je riais de la voir prendre son sujet à la gorge et tordre le cou aux idées qui n'étaient point les siennes.

— Qui est-ce? chuchotaient mes voisines.

J'entendis qu'on nommait Mme Pierre Mille.

— Que fait-elle dans la vie?

Quelqu'un répondit :

— Vous la connaissez toutes, c'est une artiste de grand talent. Elle signe sa sculpture de son nom de jeune fille : *Yvonne Serruys*. Rappelez-vous la statue d'après Lucie Delarue-Mardrus; la fresque des danseuses d'après Armen

Ohanian ; le portrait de Mme Péliot, taillé dans le granit bleu.

Je me souvins d'un salon où, devant le classicisme d'Yvonne Serruys, j'avais pensé au romantisme de Camille Claudel parce que ces deux tempéraments d'artistes si différents donnaient la mesure de ce qu'on peut attendre du génie féminin, quand il s'applique à cet art si difficile qu'est la sculpture.

L'arrivée de cette Minerve au milieu de l'ardente assemblée jeta un froid. L'entente était impossible. Les unes cherchaient la connaissance, les autres se livraient à la croyance. *Yvonne Serruys* parlait le langage de la raison. Elle criait :

— Ceci est faux ! La vérité est ailleurs !

Les femmes n'aiment pas s'entendre dire que la vérité loge en face lorsqu'elles croient la posséder.

Yvonne Serruys, accoutumée au commerce de l'esprit et appelée par les nécessités d'un art difficile et précis à bâtir solidement l'œuvre qui exige avant tout l'équilibre des masses, ne pouvait placer ce monde d'après-guerre dans les nuées, jusqu'où s'élevaient quelque-unes d'entre nous.

On ne vient pas du pays des Jansénistes pour parler de choses en l'air. On fait son œuvre gravement, religieusement. Le destin avait fait naître Yvonne Serruys à Menin, dans le voisinage d'Ypres, dans une famille flamande amie de l'art et de l'humanisme.

Cette petite fille ardente et maîtresse d'elle-même avait reçu de bonne heure d'un père et d'un oncle, qui veillaient sur l'éclosion de son intelligence, la discipline de l'esprit classique. Cette empreinte fut si forte qu'elle demeura l'esclave volontaire de la règle reçue et acceptée avec clairvoyance et amour.

On lui laissait lire tous les livres qu'elle voulait, on lui permit de peindre et d'étudier l'anatomie ; on la confia aux soins d'un excellent maître flamand Rombaud, elle forma son goût auprès de Claus, elle travaillait avec ardeur et mécontentement. Mécontentement parce qu'au fond d'elle-même un secret instinct avertissait la jeune fille qu'elle faisait fausse route.

C'était le temps où les Impressionnistes le disputaient encore aux Pointillistes, aux Véristes. Yvonnne Serruys subissait la séduction de l'école moderne, elle aussi faisait des paysages, des portraits qui eussent pu satisfaire une âme moins scrupuleuse. Mais elle sentait bien qu'elle montrait dans sa peinture plus de métier que de tempérament.

Il fallut une exposition de ses œuvres à Paris pour que la jeune fille eût la révélation qui changea aussitôt sa vie. Un critique lui déclara sans ambages qu'elle était faite non pour peindre, mais pour sculpter.

Aussitôt l'artiste lâcha ses pinceaux.

Avec allégresse — mais non sans souffrance — elle oublia les années de peinture et les recherches des écoles modernes, elle oublia son effort pour obéir à son instinct et exprimer par la sculpture sa vision des êtres et des choses.

Elle fut servie dans cette seconde éducation d'elle-même par sa science du dessin et par ses connaissances anatomiques; Yvonne Serruys n'avait donc pas perdu son temps à commencer sa vie d'artiste avec le crayon et le pinceau.

Lorsqu'on pénètre dans son atelier de l'île Saint-Louis, on est frappé par le recueillement et la vie secrète des grandes figures et des bustes qui sont là.

Des formes robustes bien équilibrées, des attitudes simples, franches et pleines de grâce; un respect de la ligne, du rythme, des gestes, un choix qui multiplie les formes de la vie moderne telles que les ont faites la pratique des sports et l'affranchissement de l'esprit.

Les femmes qui ont inspiré l'artiste

n'ont pas le charme voluptueux des Carpeaux, ou la passion frémissante des Rodin, il y a en elles quelque chose de plus juvénile.

Qu'on pense à la femme garçon, ou pour mieux dire à ces jeunes Grecques du musée des Antiques, celles qui disputent la course. Mais la force, l'harmonie, l'élégance, la beauté de ces corps ne sont pas les seuls caractères de la statuaire d'Yvonne Serruys. Son *Eve*, sa *Nageuse*, sa *Contemporaine*, son *Offrande*, son torse de jeune fille, sa *Cantatrice*, sa *Déesse des Jardins*, son *Faune aux enfants* révèlent des êtres qui pensent, qui aiment et qui agissent. Ils ont une vie spirituelle qui rayonne de leurs visages de pierre.

L'on ne saurait dire pourtant que cette œuvre, abondante en nus, n'exprime point la sensualité ! Il suffit de la *Léda* pour prouver le contraire; le beau corps de la nymphe repose avec un abandon heureux, un contentement de la chair auprès de l'Oiseau-amant qui enroule son cou autour du cou de sa maîtresse. Cette caresse si douce, cette confiance, ce sommeil des amants, n'est-ce pas là l'expression très féminine du plaisir et de la jouissance.

Rien n'est plus intéressant que d'entendre Yvonne Serruys parler de son art et de ses recherches. Si elle tend à saisir l'expression de ses contemporaines, si elle marque la métamorphose de l'ingénue en vierge avertie, c'est par désir d'être vraie. Ce même désir l'a poussée à rechercher, selon ses propres paroles, la *statique féminine*, c'est-à-dire l'équilibre propre à la construction d'un corps féminin, et *Jeunesse*, ce torse de jeune fille exposé à la Nationale, indique cette évolution d'un talent qui s'est magnifiquement épanoui.

Les ennemis de la femme disent que l'écueil de son génie, c'est la musique et la sculpture, et ils opposent aux grands musiciens les talents délicats et charmants de nos compositrices. Sur ce point les femmes n'ont pu encore leur donner tort, mais faisons crédit à l'avenir.

Quant aux sculpteurs, voici, après l'œuvre fougeuse de Camille Claudel, une œuvre où la force le dispute à la grâce et d'où la grandeur n'est point exclue. Je n'en veux pour preuve que ce *Monument aux morts*, où l'allégorie a une beauté simple et profondément humaine, la Patrie casquée et cuirassée, comme celle de Rude, mais tenant en sa main une palme et une couronne se penche doucement vers une femme en larmes pour la consoler.

C'est là un beau morceau de grande sculpture, et l'œuvre maîtresse de cette artiste qui a transposé dans son art le précepte des classiques: « Sur des pensers nouveaux, faisons des vers antiques ».

SÉVERINE

SÉVERINE

J'aime Séverine de tout mon cœur, j'admire en elle la forme la plus généreuse, la plus noble, la plus émouvante du génie féminin.

Séverine est une grande figure de l'émancipation des femmes. Et, dans l'histoire des idées révolutionnaires, c'est une figure d'apôtre. Elle est à l'avant de la nef qui porte le communisme et sa fortune. Elle va, les yeux fixés au loin, sur une vision de poète qui lui révèle, au delà des terres saccagées par le fanatisme des sectaires, une sorte de terre promise où régnera l'idéal de toute sa vie : concorde entre les peuples, paix entre les classes, justice entre les hommes et pitié pour les faibles.

J'entends rire derrière moi le grincheux :

— Arrêtez ! En voilà une chimère ! Il faut rêver tout éveillé pour annoncer aux hommes une félicité pareille avec l'avènement d'un régime aussi barbare que le bolchevisme ! Votre nef m'a l'air de voguer vers le pot-au-noir !

— Ai-je dit que je défendrai les idées politiques de Séverine?... Si chimère il y a, à croire que la machine ronde connaîtra par le bolchevisme des temps nouveaux, reconnaissez que cette âme brûlante d'amour purifie la réalité et ennoblit l'erreur ! Cette même âme a déjà fait des siennes, dans le temps, car c'est l'âme d'une sainte Thérèse qui habite Séverine, et si la grande sainte d'Avila a consacré son génie et sa vie à combattre pour le règne de Dieu, convenez que Séverine, depuis qu'elle vit et respire, a combattu par la plume et la parole, avec quelle ardeur inlassable et quelle foi, pour le règne du prolétaire !

— Cela est vrai; mais moi, vous savez, dit-il, je reste incrédule !

Quel âge Séverine pouvait-elle avoir quand elle se jeta dans la mêlée? Un peu plus de quinze ans, puisque ses biographes disent qu'elle est née en 1855.

La République venait de naître au milieu des douleurs de la défaite et des serments de ses défenseurs. Ceux qui l'avaient proclamée se trouvaient réunis dans une petite cour de la rue Louis-le-Grand. Parmi eux se trouvent un exilé à barbe blanche, au front large et puissant, au regard de prophète; son nom était déjà gravé sur l'airain. A quelques pas attendait une jeune fille, timide et frémissante. Le vieillard l'aperçut.

— Il faut que j'embrasse la République, s'écria Victor Hugo, et il embrassa Séverine.

Car c'était elle, avec ses beaux cheveux roux qui lui faisaient une auréole de feu, ses yeux angéliques, sa bouche vermeille, gonflée de désirs tendres et violents.

Cinquante années s'écoulent. C'est encore une fois la guerre. Voici la foule assemblée autour d'un tombeau, sur une colline qui domine Paris. Des ministres lisent leurs discours ! Autant en emporte le vent. Nul ne les écoute, chacun songe :

— Est-ce là tout ce qu'un Rodin mérite? Qui donc lui donnera l'adieu du cœur?

Et de la foule en deuil qui entoure la fosse creusée au pied du *Penseur*, une femme sort timidement. Elle est vêtue de noir, elle a de grands yeux bleus et ses cheveux blancs lui font une auréole de marbre. Ses traits expriment une si profonde douleur que l'on reste saisi, comme si c'était la douleur de la France qui s'avançait vers le grand mort, et

quand elle s'arrêta, elle parut à tous une figure digne d'orner un pareil tombeau.

Ses mains nues, rapprochées de son cœur, abritaient une flamme mystérieuse qui, tout à coup, s'envola : Elle parla ! Sa parole courut comme une flamme de passion sur nous tous. Quel prodige ! Cette foule remuante est suspendue à ses lèvres. Avec une éloquence sublime elle dit ce que fut Rodin et quelle œuvre il laisse derrière lui. Emportée par son inspiration, elle s'élève et plane, opposant, en une image admirable, cette jeunesse immortalisée dans le marbre et la jeunesse décimée par la guerre. Ce qu'elle dit est si touchant et si beau que des applaudissemnts éclatent de toutes parts.

Un soldat, pensif, appuyé sur son fusil comme sur une houlette, demande à son voisin :

— Qu'elle est cette femme?

— C'est Séverine !

Il soupire :

— Voilà un nom que je n'oublierai jamais !

Nul, ami ou ennemi, ne peut oublier Séverine, qui l'a entendue parler. C'est l'éloquence même, c'est la grande inspirée. Un dieu l'habite à l'instant où, timide et grave, elle affronte la foule, que ce soit aux funérailles de Rodin, devant l'ombre de miss Cavell, au Trocadéro, dans les meetings populaires. Sa voix harmonieuse soulève ou dompte la foule, elle charme les lettrés, elle arrache des larmes aux cœurs les plus farouches.

L'éloquence de Séverine est un enchantement qui se renouvelle chaque fois qu'on a le bonheur de l'entendre, ses pensées prennent la forme d'images qui sont des trouvailles ravissantes ou terribles, et s'expriment en une langue claire et forte, qui fait du mot un trait lancé par la main sûre d'un archer.

C'est entre ces deux visions que je

vois se dérouler dans le tumulte de la bataille quotidienne la vie de Séverine.

Jules Vallès lui révéla sa force et lui traça son chemin. Aujourd'hui, comme au temps où elle collaborait avec lui au *Cri du Peuple*, Séverine est sa disciple. Disciple qui sut rester femme par sa sensibilité frémissante, sa douceur et son charme, son exaltation, son emportement et sa pitié. Quand elle plaide une cause, devant l'opinon ou les juges, elle n'a rien d'une procédurière, elle plaide ingénument étant poète :

C'est être innocent que d'être malheureux.

Mais elle appuie sa thèse sur d'autres arguments, qui lui sont fournis par sa culture et sa raison. Et, courageusement, elle va jusqu'au bout de sa défense, comme elle va jusqu'au bout dans sa recherche de la vérité.

L'inquiétude de la vérité est un tourment qu'on retrouve dans toute son œuvre : *Pages rouges, Pages mystiques, Notes d'une frondeuse, En marche.* Séverine sait bien, comme l'a dit notre bon maître Anatole France, que la vérité n'est pas une, mais multiple. Quand elle croit tenir une de ces vérités, qu'elle rencontra parmi les humbles, parmi les travailleurs qu'elle défend envers et contre tous, Séverine la prend par la main et se ferait tuer plutôt que de lâcher prise. Au fond, son rêve n'était-il pas de mourir sur la barricade pour la défense de ses idées? Certes, tel eût été son destin, si la révolution eût éclaté et une contre-révolution ne l'eût point épargnée non plus; elle serait allée rejoindre Mme Rolland à la guillotine. C'est là une belle mort pour un apôtre et une femme d'action qui a donné l'exemple du courage et crié sa colère, sa haine, son mépris, sa foi au milieu de tous les conflits politiques qui ont agité notre pays.

D'instinct, Séverine est dans l'opposition, par ses idées et par son amour du combat, mais elle ne s'est battue que pour sauver ceux qui étaient en danger, pour réhabiliter ceux qui étaient des martyrs.

Ai-je besoin de rappeler ici, où la cause des Arméniens est défendue avec tant d'énergie et d'éloquence, que Séverine fut la première à démasquer l'hypocrisie des Turcs et à dire la vérité sur les massacres sauvages de la nation arménienne.

Partout où l'injustice accomplit son œuvre maudite, où le malheur pousse la porte d'un foyer, Séverine paraît comme un paladin.

Le moindre risque que court une femme qui vole au secours des malheureux, ou, ayant reçu le don des larmes, sait faire couler les nôtres, c'est d'être ridiculisée, chansonnée, calomniée, c'est de recevoir une couronne d'épines, avec l'éponge trempée dans le fiel, et c'est aussi d'avoir la douleur de s'être trompée, en n'écoutant que son cœur.

Mais qui est infaillible? L'obstacle l'encourage — quelle devise ! — elle ne recule devant rien. Jadis, elle étonna ses lecteurs en allant demander au pape une interview qui lui fut accordée, et, par la plume de Séverine, Léon XIII se prononça contre l'antisémitisme. Une autre fois, elle descendit dans une mine entre deux explosions du grisou, pour dépeindre la vie d'un peuple dans les entrailles de la terre, et verser un peu d'or, obtenu par pitié, aux veuves et aux orphelins.

— Ouais, dit l'autre, elle a bien défendu Dreyfus et fut carrément pacifiste pendant la guerre, mais Boulanger? Comment expliquez-vous des sympathies si contraires? Quand on est Séverine, on n'aime pas un militaire, ni un militaire comme celui-là !

— Oubliez-vous donc qu'elle faisait de l'opposition, que, étant Parisienne, elle allait avec les princes contre le cardinal, c'est-à-dire le gouvernement?

Et puis, et puis... Séverine est femme, parbleu, elle a eu le béguin, en tout bien tout honneur. Ce qui est chic, c'est de ne pas l'avoir renié, « son militaire » !

J'ai le bonheur d'être l'amie de Séverine depuis le jour où, sans me connaître, elle éleva la voix pour défendre mon livre, violemment attaqué.

Je l'ai vue, depuis, travailler sans repos, au milieu des pires épreuves, sans jamais se plaindre, accomplissant avec une grâce souriante, qui cachait sa souffrance, la mission de bonté et de charité qu'elle s'est donnée à elle-même. Rien, dans la vie, ne lui a été épargné. Séverine est, avec Sarah, une figure célèbre dans le monde entier. Elle a connu la gloire, et sa rançon. Lorsque Marie Lenéru mit à la scène sa pâle *Triomphatrice*, je pensai :

« Comme la réalité est plus belle, plus riche en douleurs, plus variée en accents, et mille fois plus dramatique

que cette abstraction ! La Triomphatrice devrait être Séverine. »

J'appelle de tout mon cœur le livre qui vaudra les *Confessions.*

Un jour que, dans sa solitude de Pierrefonds, où elle vit, comme une paysanne, au milieu de ses bêtes, cultivant son jardin, défrichant son bois, à l'orée d'une forêt, entourée d'affections fidèles, Séverine me dit, en me montrant les journaux innombrables qui enferment son œuvre :

— Qu'est-ce qui restera de tout ça?

— Vous !

Car c'est elle qu'on cherche dans ses articles, selon sa conscience ou son goût littéraire. Libre à ses lecteurs de préférer en elle l'apôtre révolutionnaire, l'amie de la paix, ou Séverine critique, conteuse, poète, ou bien encore Séverine amie des bêtes et des champs, Séverine gamin de Paris, Séverine tragique *Piéta,* dont le regard lourd de douleur et de reproche exprimait l'agonie des mères et des femmes pendant la guerre.

Et moi qui l'aime, je m'émerveille qu'elle ait fait tant de choses violentes et douces à la fois, ce qu'elle offre en sa verte vieillesse, une grâce nouvelle, qui est la modestie chrétienne.

Voulez-vous que je vous dise ma pensée tout entière : Séverine à Pierrefonds me fait penser à Tolstoï en sa retraite ! Après lui, et comme lui, elle entre vivante dans une sorte de légende dorée où le Russe garde sa rudesse d'Évangéliste, où la Française fait fleurir la grâce et la douceur de la Pitié.

SIMONE

SIMONE

Quelle est la plus moderne des artistes du Boulevard?

Quelle est la comédienne qui a donné son corps, son esprit et son âme pour créer cette femme singulière, dont on a dit qu'elle était troublante, décevante, secrète, menteuse, détestable exécrable, redoutable et terrible, — type, paraît-il, de la femme d'aujourd'hui? Quelle est la cérébrale qui mène avec orgueil ces démons au sabbat?

Simone, parbleu !

J'ai voulu voir Simone après la générale de la *Gardienne*. Pour la complimenter? Ce n'était pas le jour ! Mais pour lui dire que depuis vingt ans j'admire sa lumineuse intelligence, sa logique, la pénétration et la curiosité d'un esprit toujours en éveil, sa force d'intellectuelle et sa constance à parfaire au théâtre le type moderne qu'a inventé M. Bernstein. Car je tiens pour secondaire, dans cette carrière si brillante, les autres rôles, celui de la Faisane de *Chantecler*, celui de la Finette qu'elle ne sut ou put marquer de son empreinte, et celui-là même qu'elle vient de créer.

Je m'aventurai du côté des coulisses de la Porte Saint-Martin, et m'engageai dans le tumulte d'un changement de décor, au milieu de machinistes, d'électriciens et de pompiers de service. Une petite vieille qui s'était faufilée sur le plateau, me prit par la manche et me dit d'une voix étouffée :

— Je vois ce que vous cherchez, c'est M'ame Simone ! Ah ! ma chère dame. Tout Paris ce soir est dans sa loge. Vous n'y sauriez entrer, il y a trop de ministres, de princes, de grands-ducs, de banquiers et de milliardaires. Sans compter la critique et ces petites curieuses qui ont la démangeaison de voir leur idole devant sa glace et ses pots de fards. Ah ! M'ame Simone est une actrice à la mode ! Toujours à la page ! C'est ce qu'on appelle une actrice bien parisienne !

— Dites une grande comédienne, ripostai-je aussitôt.

— Ta, ta, ta, fit la petite vieille en s'accrochant à moi, on peut être une actrice très parisienne dans le monde entier et n'être pas pour cela une grande comédienne. Depuis la mort de M'ame Réjane, il n'y a plus, en France, de grande comédienne ! Mais venez donc vous asseoir dans mon coin, il y a ici des courants d'air qui me gênent, et qui vous feraient éternuer.

Je la suivis, entraînée par un je ne sais quoi de familier, une certaine effusion, qui rendaient encore agréable ce visage passé fleur. Elle glissait entre les portants; nous traversâmes la scène derrière le rideau de fer; elle manqua de trébucher, mais une fois dans son coin ne bougea plus, ni moi non plus, et du ton que prennent les gens de théâtre pour parler à la cantonnade, la petite vieille me tint à peu près ce langage :

— Vous pensez bien que je la connais, M'ame Simone ! Depuis ses débuts, aux temps de la grande exposition, je la suis partout. Elle ne peut faire un pas, dire un mot en scène que je ne sois là ! Eh bien, ma chère dame, voulez-vous que je vous dise ce qui a manqué à M'ame Simone pour être la grande comédienne, c'est de n'avoir jamais connu la nécessité !... Parfaitement ! J'ai l'honneur de vous le dire ! Elle a été comme les princes; quand elle s'est donné la peine de naître, elle avait du foin plein ses bottes ! C'est jeune et ça ne sait pas !

Comment est-ce qu'elle aurait pu savoir, pauvrette. On l'envoyait à l'école avec les plus huppées! Elle préparait son bachot dans les livres, comme les jeunes demoiselles qui se tortillent sur les bancs. En ce temps-là, elle commandait partout... C'est encore la même chose!... M'sieu Le Bargy l'a bien vu quand elle lui faisait répéter les *Chevaliers de Colomb* à la Comédie-Française. C'était un bien curieux spectacle, ma petite dame : on ne voit pas tous les jours donner au premier mari un rôle dans la pièce du troisième... Au théâtre, faut s'attendre à tout... Mieux vaut ça que « la panne » avec un autre acteur, n'est-ce pas?

« Ah! si seulement elle avait goûté en sa jeunesse à la vache enragée, si elle avait pâti, c'est pas seulement le métier qui lui serait rentré dans le corps, c'est elle qui aurait découvert dans la souffrance ce que c'est qu'une femme! Il faut avoir eu faim et soif, reniflé le ventre creux, l'odeur de la cuisine, il faut avoir pleuré, à vingt ans, l'homme qui vous a volé vot'cœur et le reste, pour connaître la vie...

« La vie ça ne s'apprend pas dans les livres. Un beau rôle, c'est comme un enfant. Ça vient dans la douleur... Je ne sais pas si vous saisissez ce que je veux dire, fit la vieille dont la voix chevrotait d'émotion? La comédienne est une illusionniste. Il y a celle qui simule les sentiments qu'elle n'éprouve pas; il y a celle qui imite, parce qu'elle a regardé les autres, ou qu'elle se souvient de ce qui lui est arrivé; car voyez-vous, not'maître au théâtre, c'est encore et c'est toujours la nature!... Et puis, il y a finalement celle qui trouve! Ah! celle qui trouve, c'est la graine des vraies, des grandes comédiennes, car celle-là est si humaine qu'elle vous remue jusque dans les tripes quand elle crie son mal ou qu'elle brâme son désir. Ma petite dame, c'est pas dans les livres qu'on trouve ça; une actrice savante, c'est un feu qui tue l'autre ! Bourrer le crâne d'une comédienne, quelle erreur ! Aux innocentes les mains pleines ! Moins elles savent de philosophie, de littérature et de mathématiques, mieux ça vaut. Tenez, M'ame Rachel que j'ai connue, la grande M'ame Rachel qui a sa statue aux Français, elle ne savait rien, mais elle comprenait tout ! M'ame Agar aussi, qui fut malchanceuse, et M'ame Réjane donc qui disait : « Je ne sais rien, je devine ! » Tout est là, vous comprenez. »

— Je comprends que pour vous la grande comédienne est celle qui a le plus d'intuition.

— Vous l'avez dit, en termes savants ! Aussi M'ame Simone qui sait tout, en saurait davantage si elle en savait moins, parce qu'elle a un cerveau qui veut tout chercher. Comme c'est une femme supérieure dans son intelligence, quand elle crée un rôle, elle en met, elle en met, que c'est une fatigue ! Tenez dans *Judith*, ah, le public criait grâce...

« Je sais bien que c'est par excès de conscience, que c'est parce qu'elle raisonne trop, que pas un détail n'est oublié. C'est une cérébrale, quoi ! Son feu s'allume dans le cerveau, il y a des femmes où il s'allume dans le cœur, et d'autres où il s'allume plus bas...

« Tenez, tout à l'heure, on parlait de *Judith*. Quel rôle pour une actrice qui est de taille. Qu'elle était belle. M'ame Simone, avec sa tête de juive et ses voiles de nonne, quand elle courait sur la scène comme une possédée. L'avez-vous vue se tordre, rouler son front dans la poussière ! Ah ! que ses traits alors me parurent magnifiques dans ce transport de rage et de désir ! Elle était bien partie, mais voilà, elle n'a pu monter jusqu'au bout, parce que le lyrisme, c'est un buisson ardent qui s'allume là où je vous ai dit... Comment elle tient son public ? Je vous crois, M'ame Simone le secoue, son public, elle entend les gens qui disent, comme dans le *Voleur*, le *Secret*, le *Détour*.

— « Nom d'un nom quelle femme !
« Quels nerfs, quelle force, quelle pas-
« sion ! Il n'y a qu'elle pour jouer ça ! »

Nul ne dira :

« Quel amour, quel charme. Hélas !
« ne peut-elle nous tirer des larmes... »

« Oui, le charme lui manque ; son jeu est sec et violent parce que c'est son esprit et non son cœur qui la mène. Vous me direz ce qu'est le rôle qui est comme ça, et que les femmes d'à présent n'ont que des sens et pas de cœur ; qu'elles ne vivent que pour le plaisir et l'argent... »

— C'est là une conception de M. Bernstein ! Toutes les femmes ne sont pas de la même farine, dis-je à ma voisine.

— « Ah ! que j'aime vous l'entendre dire, répliqua la petite vieille, me serrant les mains avec force. Une femme qui n'est pas une amoureuse ne vaut pas tripette ! Et je voudrais bien que M'ame Simone qui dit : « *Je suis faite pour l'amour et non pour l'amitié* », nous montrât une bonne fois au théâtre qu'elle n'est qu'une amoureuse. Cette fois-là la verge d'Aaron se couvrirait de fleurs !... Je lis sur vos lèvres que s'étant mariée trois fois, à M. Le Bargy, à M. Casimir-Périer, à M. Porché, la preuve est faite que c'est une amoureuse? Ma bonne, je vous dirai que dans sa vie c'est peut-être une vocation que le mariage, mais qu'au théâtre, cette vocation ne signifie rien. Bien plus, je la qualifierai de regrettable vocation.

« En amour, il faut la liberté ! L'amour vit d'imprévu, de fantaisie et de mystère. Le mariage, qui installe l'habitude au logis, est l'extincteur de l'amour ! Une femme au théâtre ne doit se marier que pour aller planter ses choux.

« M'ame Bartet me le disait bien : « *Nous sommes des affranchies* ». Pourquoi prendre le joug? Est-ce qu'une artiste est une bourgeoise? Alors. Tenez, M'ame Simone, au théâtre c'est une grande bourgeoise. Voilà qui explique bien des choses. Je l'aimerais mieux artiste et honnête homme, et je lui crierais :

« Demain tu seras reine de Paris ! »

« Car vous l'avez déjà compris, je le vois bien à votre air, ce qui fait la supériorité de l'artiste, c'est qu'elle est la *Vierge folle.* Elle l'est et doit l'être pour servir librement son art. Tant pis si, en cours de route elle s'élève, comme disait ce pauvre M. Hervieu, *à la dignité de fille-mère.* La vierge folle se moque bien des petites vertus, et de l'habitude et de la vigilance ; elle se fie au mystère, elle sait d'instinct, comme tout ce qu'elle sait par essence, que lorsque le bien-aimé passera, ce sera la grande illumination du cœur ! Car ne vous y trompez pas, ma chère dame, au théâtre la lampe merveilleuse, c'est notre cœur ! »

— Amen !

— « Je ne vous lâche point... Les journaux vantent l'esprit de M'ame Simone, sa culture, et ses écrits. Ils disent qu'elle a une belle maison de l'autre côté de l'eau, où elle vit seulette avec son époux et ses amis. Si j'étais d'elle, savez-vous bien ce que je ferais?

— Dites !

— « Je ferais signe aux jeunes poètes qui se cherchent pour former une école, comme autrefois les symbolistes, comme aujourd'hui, l'école romane et leur dirais : « Vous êtes ici chez vous, puisque « ma demeure est celle d'un poète. Je « serai, si vous le voulez, votre muse et « votre interprète. Je vous ferai connaî« tre à tous, je vous défendrai, je vous « imposerai. Vos nobles espoirs, je les « soutiendrai en vous donnant confiance « en vous-mêmes et en votre talent. « Ensemble nous ferons cette grande « chose : faire aimer une forme nou« velle de la Beauté. Ainsi fit Margue« rite Moreno, muse des symbolistes,

« et, après elle, je servirai de toute mon « âme l'Art et la Poésie. »

« Voilà ma bonne, ce que je ferais si j'étais la riche, la célèbre, la puissante M'ame Simone, qui reçoit ce soir Tout-Paris dans sa loge. Et je me réjouirais plus d'un petit bouquet de quatre sous apporté par un jeune homme inconnu, que de ce pompeux convoi de fleurs! Car la gloire... c'est le petit bouquet de quatre sous.. »

— A bon entendeur, salut, répondis-je de plus en plus surprise, car, laissant le ton familier et le vert langage, la petite vieille s'élevait en son parler, et semblait donner commandement à la Muse. Me direz-vous à qui j'ai l'honneur de parler?

— Mais... à la Poussière, à l'antique et noble Poussière d'un théâtre de Paris.

Disant cela, ma petite vieille se détacha de terre, et comme le rideau se levait, elle s'envola au vent de la scène et partit dans les frises comme un flocon de poussière.

MARCELLE TINAYRE

MARCELLE TINAYRE

Marcelle Tinayre naquit un jour que Vénus errait sur la terre avec les Jeux et les Ris ! Comme elle criait en son berceau et trépignait ainsi que les nouveau-nés ont coutume de le faire, des ombres illustres, poursuivies par les regrets d'amour, se détachèrent du divin cortège et la vinrent bercer.

La première, qui était grande et forte, portait sur ses cheveux noirs le turban du grand Turc. Elle secoua rudement le poupon et dit d'une voix éclatante :

— Tais-toi ! garde tes pleurs et ta force pour l'Amour, sans lequel tu ne seras rien. Apprends de lui le plaisir, l'art et l'éloquence et, s'il t'échappe, poursuis-le jusqu'au cap Misène, où tu rencontreras *Corinne*, qui t'attend.

Une autre plus douce en ses façons, cajola l'enfant, qui la regardait sans la voir. Elle portait sur sa tête blanche coqueluchon de dentelle; affiquets brodés sur sa robe de soie puce. Son haleine embaumait la bergamote.

— Do, l'enfant do ! Garde tes gémissements pour l'Amour; tu en feras de belles chansons, qui te rendront célèbre parmi les hommes. Lis ma *Chatte blanche* et mes fictions : apprends de moi comment l'on console les cœurs qu'Amour a blessés.

A peine avait-elle dit qu'une ravissante personne s'approcha du berceau et dorlota l'enfant. Ses beaux cheveux blonds tombaient en longues boucles sur sa gorge de neige, et sa robe d'organdi s'étalait autour d'une crinoline. Un air de distinction, mêlé aux feux de la volupté, donnait à son visage un attrait enchanteur.

— Il n'est qu'aimer pour plaire, chuchota la coquette, suis-moi en tes écrits et enseigne avec esprit, comme je le fis dans mes chroniques de la *Presse*, par quels dons de nature, par quels artifices un cœur se donne, se garde et se reprend !

Mais la belle des belles, qui portait une robe de cour, et montrait généreusement ce sein qui était semblable à la rose nouvelle, se saisit de l'enfant et, au lieu de le bercer et le baisoter, le souleva dans les airs et le tendit vers l'autel où le dieu bande son arc.

— Apprends qu'en ce monde, dit-elle, nul bien n'égale la Volupté, il la faut savoir goûter en toute indépendance de corps et d'esprit. Sache que les hommes jouissent de mille libertés que les femmes ne goûtent pas. C'est pourquoi je me suis faite homme et le proclame parce que je suis philosophe et que je suis *Ninon*.

Et comme elle reposait l'enfant en son berceau, après cette exhortation hardie, survint une dame du bel air qui baisa le nouveau-né sur la bouche et se contenta de mêler son souffle avec le sien. Or, en ce souffle passa tout l'esprit du grand siècle, il n'en faut pas douter, puisqu'en partant cette dame illustre laissa sur le berceau la plume d'or qui avait signé la *Princesse de Clèves!*

Staël! d'Aulnoy! Girardin! Ninon! La Fayette, *berceuses de rêve,* c'est vous qui avez mis le mot divin sur ses lèvres et, formant sa pensée, son goût et ses inclinations, avez commandé à celle qui n'avait pas vingt ans de se lever entre toutes les femmes pour célébrer l'amour et son tourment!

Du diable si quelqu'un se doutait de cette prédestination! Marcelle Tinayre grandit comme toutes les jeunes filles françaises qui aiment le travail et l'étude. Elle conquit sa *peau d'âne* en un temps où les jeunes demoiselles n'osaient se lancer dans les études qu'exige le bachot. Pour échapper à Sèvres, qui la guettait, et à cet avenir d'universitaire qui lui semblait dépourvu de tout charme, elle se maria, épousant le graveur dont elle a rendu le nom célèbre. Le temps d'être mère une, deux, trois fois; d'organiser le ménage d'artistes; de coudre layette et vêtements, comme une jeune femme courageuse et modeste, qui sait le prix de l'argent, et voilà que la grâce se manifeste et qu'il devient visible aux yeux de tous, même des siens, que c'est bien là une affaire de prédestination. Il lui a suffi de « piquer l'étrangère » pour que naquit son premier roman, suivi de plusieurs autres : *l'Amour qui pleure, la Rançon, l'Oiseau d'orage, Avant l'Amour, Hellé.*

Marcelle Tinayre est emportée par la force qui va diriger toute sa vie, comme un fleuve magnifique. Elle écrit, elle écrit sans se décourager du mauvais sort, des obstacles qu'elle rencontre, des refus qui ajournent la publication. Qu'importe un retard, elle arrivera, elle en est sûre, et cet optimisme bienfaisant illumine des années de jeunesse qui sont des années de labeur, car la lutte est dure à qui veut vivre de sa plume.

Ses romans solidement construits et pris directement dans la vie qui l'entoure révèlent, aux environs de 1900, un talent tout moderne, mais respectueux de la tradition classique, une sensibilité frémissante, une curiosité de tout ce qui s'exerce librement comme le voulait Ninon de Lanclos, la première et la plus exquise des féministes !

Son intelligence, vive et claire, s'attaqua aux problèmes du jour. Il n'en est pas de plus prenant que celui de l'affranchissement moral et social de la femme. Un grand combat se livre de toutes parts pour renverser les préjugés qui interdisent à une femme bien née de s'instruire, de penser et de vivre avec la liberté d'un homme.

A ce point de vue, les premiers romans de Marcelle Tinayre ont servi la grande cause du féminisme; elle est entrée dans la lutte, comme la jeune amazone Perseis, défendant le bouclier d'Alexandre; plus heureuse que son héroïne, elle a gardé la vie en gagnant la victoire. Il faut donc considérer ces premiers romans comme autant de documents sur cette période de l'émancipation des femmes, et comme des œuvres déjà parfaites par la beauté de la forme, la souplesse du langage, et sa pureté, qui est celle du grand siècle.

Ceux mêmes qui repoussent le féminisme avec horreur, parce qu'ils l'imaginent sous les traits d'une femme à barbe, se laissent séduire par la justesse de cet esprit dont la virilité se cache sous la grâce. L'originalité du talent de Marcelle Tinayre est dans cette alliance qui lui valut de prendre place tout de suite parmi les femmes célèbres, à côté de ces romancières bien différentes d'elle : la tendre et douloureuse Jeanne Marni, la fougueuse Georges de Peyrebrune, l'imaginative Daniel Lesueur, la savante Jean Bertheroy. Sa *Rebelle* lui gagnait tous les cœurs, la *Maison du Péché* lui gagna tous les suffrages, ceux des philosophes croyants ou libertins, ceux des esprits de combat, qui s'étonnèrent que d'une main si sûre et si expérimentée une femme pût conduire la lutte dramatique qui est engagée dans un cœur où règne une austère janséniste, que va renverser l'épicurien, apportant avec lui la volupté et ses délices.

Ce roman reste l'œuvre maîtresse de Marcelle Tinayre, parce qu'il est le plus riche en philosophie, en méditation, en expérience, et puisqu'il est entendu qu'on est la femme d'un seul livre, elle est et restera l'auteur de la *Maison du Péché*.

Il lui advint à ce propos une folle histoire, qui montre à quel point les femmes qui divaguent attachent de prix aux lauriers de la Muse. Au moment où tout Paris admirait cette œuvre méditée longtemps et peut-être vécue, un cri s'éleva de la mer d'Italie :

— Au voleur ! On m'a pris mon livre ! Une jeune fille jure par le dieu des chrétiens que c'est elle l'auteur de la *Maison du Péché*, elle forge une histoire, elle invoque sa réputation de poétesse qui s'étend sur le rivage de la Spezzia ; elle s'échauffe, montre aux passants qui viennent de France des lettres louangeuses de nos plus grands écrivains? Là-bas, un doute plane sur cette maternité de l'œuvre? On a beau dire aux partisans de la demoiselle qu'ils sont dans l'erreur, qu'une enfant de dix-huit ans n'est versée ni dans la philosophie ni dans l'amour, au point d'écrire un roman si brûlant de passion. Elle ne s'en dédit pas ! Tant de beaux livres qui ont suivi la *Maison du Péché* prouvent enfin aux Italiens que le reste n'est que mensonge. Mais ce mensonge ne sera pas le dernier. Ne s'est-il pas trouvé un jour sur mon chemin une demoiselle qui n'était pas de la Spezzia, mais de Saintes, pour réclamer, à cor et à cri l'un de mes livres, la *Bachelière*, dont elle revendiquait la maternité. Qu'est-ce que prouve ce double incident? Que dans certains cas pathologiques, les femmes qui se croyaient jadis reines de France, ou pape, ou démon, et le proclamaient dans leur folie, se contentent aujourd'hui de se dire les auteurs d'un livre, quand il a du succès.

En ce temps-là, Marcelle Tinayre, qui n'avait pas encore trente ans, était une jeune femme, petite, simple, mince, agile, et rieuse. Sa voix était pleine de douceur, ses grands yeux noirs, dans le silence, se voilaient de brume; ils étincelaient de malice quand la conversation s'animait; elle avait un teint de fleur des champs, de beaux cheveux noirs souples et vivants, une bouche éclatante, que le sourire sauvait de la mélancolie. A cause de sa grâce indolente et de sa vivacité subite, on la comparait à Joséphine de Beauharnais durant qu'elle était heureuse! Le bonheur a beaucoup embelli Marcelle Tinayre, et Mme Marguerite Durand, qui l'eut à la *Fronde* pour collaboratrice, en même temps que Judith Cladel, Harlor, Andrée Viollis, Louise Debor, Myriam Harry, pourrait l'en féliciter autant que d'avoir poursuivi sans arrêt sa glorieuse carrière, mais regretter, pourtant, qu'une femme d'esprit, pour une boutade de gosse à la Poulbot, perdît l'espoir de voir le ruban rouge fleurir son corsage. Baste, il lui restera le collier de perles... qu'elle préféra!

L'effort de Marcelle Tinayre en vingt-cinq ans de carrière a été magnifique. Elle a promené son inspiration en Italie, et nous avons eu *la Douceur de vivre ;* en Grèce, et nous avons eu *Perséphone,* après avoir eu les *Notes d'une voyageuse en Turquie,* lorsqu'elle visita Constantinople et Andrinople. De ses promenades en France, Corrèze, Provence, elle nous laissa *l'Ombre de l'amour, la Vie amoureuse de François Barbazange.* A l'heure où les Françaises donnaient à la patrie, d'un cœur ardent et déchiré, leurs époux, leurs frères, leurs amants, leurs fils, Marcelle Tinayre écrivait son chant du Départ : *La Veillée des armes.* Elle nota, en articles qui ne sont pas réunis en volume, ses impressions sur la vie guerrière à Salonique; n'avait-elle pas risqué le torpillage du bateau-hôpital qui l'emmenait vers l'Orient, toute brûlante d'ardeur patriotique, de curiosité et de passion.

Sa dernière œuvre : *le Bouclier d'Alexandre,* venant après *Perséphone,* indique une évolution sensible du talent de Marcelle Tinayre, qui aborde le merveilleux, non pas comme Gérard d'Houville retrouvant Merlin l'Enchanteur, non pas comme telle autre qui cherche les traces de Mélusine, mais comme une jeune Grecque du temps de Platon qui revivrait les âges héroïques où le Centaure protégea l'Amazone « tueuse d'hommes ».

Voici donc Marcelle Tinayre engagée sur la route des héros et des demi-dieux. Il ne lui reste qu'un pas à faire — tout au plus un pont à traverser, qui est le pont des Arts — pour être devant les Immortels !

Allons, messieurs de l'Académie française, un bon mouvement. Il faut qu'une porte soit ouverte ou fermée. Ouvrez, de par Dieu ! Ouvrez, c'est une femme ! Mais la Renommée vous crie : « Qu'importe, place au talent ! »

TABLE DES MATIÈRES

		Page
Mesdames	Aurel	3
	Colette	27
	Alphonse Daudet	41
	Delarue-Mardrus	55
	Myriam Harry	69
	Louise Hervieu	83
	Gérard d'Houville	97
	Jeanne Landre	111
	Jane Mortier	127
	de Noailles	141
	Rachilde	155
	Yvonne Sarcey	171
	Yvonne Serruys	191
	Séverine	205
	Simone	221
	Marcelle Tinayre	237

Chartres. — Imprimerie Félix Lainé. 7.9.24.

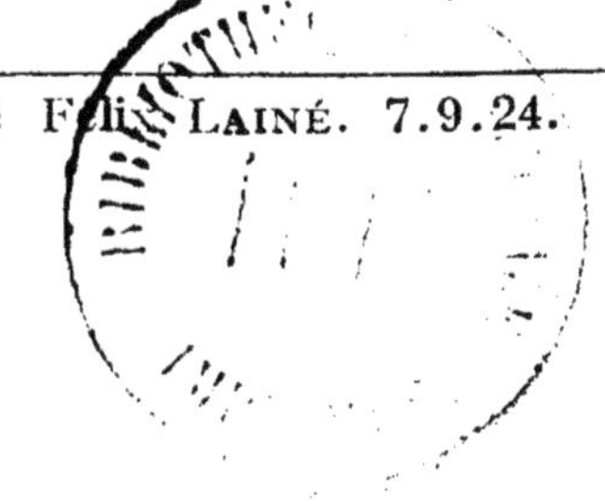

www.ingramcontent.com/pod-product-compliance
Ingram Content Group UK Ltd.
Pitfield, Milton Keynes, MK11 3LW, UK
UKHW021129260726
13994UKWH00001B/61